多维视角下
大学英语教学创新研究

张牡丹　王建华　崔　宇/著

吉林人民出版社

图书在版编目（CIP）数据

多维视角下大学英语教学创新研究 / 张牡丹，王建华，崔宇著. 一长春：吉林人民出版社，2023.11
ISBN 978-7-206-20771-6

Ⅰ.①多… Ⅱ.①张… ②王… ③崔… Ⅲ.①英语一教学研究一高等学校 Ⅳ. ①H319.3

中国国家版本馆 CIP 数据核字（2023）第 246137 号

多维视角下大学英语教学创新研究

DUOWEI SHIJIAO XIA DAXUE YINGYU JIAOXUE CHUANGXIN YANJIU

著　　者：张牡丹　王建华　崔　宇
责任编辑：明广绪
出版发行：吉林人民出版社（长春市人民大街 7548 号　邮政编码：130022）
印　　刷：吉林省海德堡印务有限公司
开　　本：787mm×1092mm　　1/16
印　　张：9.5　　字　　数：131 千字
标准书号：ISBN 978-7-206-20771-6
版　　次：2024 年 4 月第 1 版　　印　　次：2024 年 4 月第 1 次印刷
定　　价：68.00 元

前　言

在当今时代背景下，英语作为一门普及性语言和通用性语言，在国际交流和合作中发挥着重要的作用。在我国教育领域，大学英语教学以培养更多高素质国际型人才为主要目的，是高等教育的重要组成部分。我国大学英语教学改革实施以来，取得了显著的成果。但是随着国家需求、社会需求和学生需求的变化，大学英语教学需要进一步创新和突破，因此，对大学英语教学发展的研究就显得尤为重要。教育活动是基于实际需求而开展的，因此，教育者要对教育状态进行分析后做出策略与手段的调整，以便不断优化教学理念、教学内容与教学方法。

英语教学模式的改革对深化我国大学英语教学改革具有重要的现实意义。选用恰当、科学的教学模式，有利于从整体上了解教学过程中各因素之间的相互作用及多样化的表现形态，以动态的观点把握教学过程的本质和规律，对优化教学设计与教学过程有一定的促进作用，能有效提高教学质量。多维视角下的大学英语教学研究主要是为了改变以教师为中心的教学模式，实现现代信息技术与大学英语课程的有效整合，创建既能发挥教师主导作用，又能充分体现学生主体地位的新型教学模式，从而激发学生的主动性、积极性与创造性，最终使高素质复合型人才培养的目标落到实处。

笔者在撰写本书的过程中，参考和借鉴了部分学者和专家的研究成果，在此向其作者表示诚挚的感谢。由于知识水平有限，书中难免有疏漏与不妥之处，敬请广大读者批评指正。

目录

第一章　大学英语教学的基本理论

大学英语教学是我国高等教育的一个重要组成部分，它是以外语教学理论为指导，以英语语言知识与技能、跨文化交际和学习策略为主要内容，集多种教学模式和教学手段为一体的教学体系。本章主要围绕大学英语教学的影响因素与理论依据、大学英语教学的原则与方法、体验性与自主性教学理念下的大学英语教学展开论述。

第一节　大学英语教学的影响因素与理论依据

一、大学英语教学的影响因素

大学英语教学中的影响因素较多，较为主要的有教师因素、学生因素和教学因素。

（一）教师因素

教师是大学英语教学的重要因素，在英语教学中起到主导作用。在英语课堂上，教师主要充当两种角色，即掌控者和引导者。作为一名合格的英语教师，英语发音应该纯正，但并非所有的英语教师的英语发音都是纯正的，对此，教师可借助广播以及多媒体等手段弥补不足，确保学生在课堂上所听到的发音是纯正的。同时，教师在讲解单词、句子、课文时，应该穿插解释，对学生难以理解的词语要重复讲解。

在多数英语课堂上，教师讲解占据课堂大部分时间，虽然教师的讲解符合学生的学习习惯，但不能因此减少学生的练习时间。教师要注意不断变化教学形式，以增强课堂的趣味性。一名合格的英语教师还应具有一定的应变能力，能够预测课堂活动中可能出现的状况，可以很好地处理课堂上的突发事件，确保课堂活动的有序开展。教师应该随时调整提问方式，注意语言的运用，并提供反馈方式。在英语课堂中，提问是教师常见的一种教学手段，可以有效激发学生的学习兴趣，促使学生积极思考，帮助教师对某些知识结构进行引导。教师在提问时，语言的运用十分重要。为了让学生充分理解教师所讲述的知识，教师在教学中可以采用重复话语、降低语速、增加停顿、改变发音、调整措辞、简化语法规则、调整语篇等方式。

学生是英语教学的重要反馈者，教师的反馈也十分重要。所谓提供反馈，指教师对学生的学习情况进行反馈。教师的反馈可以是对学生话语的回答，如表示学生的回答正确或错误、赞扬鼓励、扩展学生的答案、重复学生所答、总结学生回答、批评等。总而言之，教师应运用不同形式的教学方法，调动学生的积极性，扩展学生的知识面，培养学生的学习能力，提高整体教学效果。在英语教学中，教师要充当以下角色。

1.语言知识与文化知识的传授者

语言知识是语言技能的基础，对于学生而言，学习英语要具备良好的听、说、读、写能力，并具备一定的词汇量，掌握英语的语法基础知识，了解西方文化。因此，教师要向学生传授英语语言知识和文化知识，传授的方式是多种多样的，不能采取“满堂灌”的教学方式。知识的传授要与语言实践活动密切结合，鼓励学生在教师的指导下进行探究式学习。

2.语言技能的培养者

教师不仅是语言知识的传授者，更是语言技能的培养者。教师培养学生的语言技能是为了帮助学生运用语言知识进行交际。

3.语言使用与交际的示范者

教师是学生学习语言与交际的示范者，学生在学习语言时，一个主要途径是模仿，教师则是主要的模仿对象。这就要求教师应做到两点：第一，教师本身要具备良好的语言基本功，能为学生提供正确的模仿对象；第二，教师的语言要适合学生的语言水平，使学生能够模仿。

4.语言交际活动的组织者和参与者

学生要想提高英语交际能力，需要进行大量交际实践活动，这就要求教师根据学生的语言水平和教学需要，在课堂内外组织多种形式的交际活动。在一些情况下，要求教师在活动中充当一定角色，在与学生交流过程中激发学生的兴趣并提出新的语言现象，使学生在不知不觉中掌握语言的用法。

5.语言学习过程的诊断者与咨询者

英语学习是一个漫长的过程，学生会遇到各种困难与困惑，这就要求教师针对学生的实际情况做出相应“诊断”，确定学生产生困难或困惑的原因并给出建议，帮助学生解决困难、消除困惑。要做到这一点，首先，要求教师具备良好的理论素质，熟悉英语教学以及与英语教学相关学科的基本理论，了解外语的学习过程；其次，要求教师具有一定的敏感性，能在教学过程中及时、敏锐地捕捉到学生各个阶段出现的困难和问题。

6.语言学习材料的推荐者和提供者

学生学习英语需要大量的语言输入，只靠一本教材是不够的，还需要补充一定的语言材料。现在市面上有各种英语学习资料，学生及家长在选择材料时具有一定的盲目性，这就要求教师针对学生的实际情况，配合学校教学，为学生推荐或者提供合适的学习资料。

7.学生学习动力与学习兴趣的激发者

学生是学习的主体，英语教学必须以学生为中心。英语学习成败的关键在于学生学习的动力是否充足，学习兴趣是否浓厚。对此，教师要要在教学中根据学生的特点，如好奇心强、渴望成功、善于表现等，为学生设计教学活动；注意学生的进步并及时鼓励，对学生使用语言中出现的问题不过分指责，使学生保持学习的自信心。

8.语言学习规律的学习者和研究者

对英语教师而言，自身的学习过程已经为教学提供了许多感性经验，但是感性的经验只有上升到理论，才能更加有效地指导教学活动。因此，一方面，教师要不断学习，提高个人的语言基本功；另一方面，教师应结合个人的教学实践，采用科学方法，探索与研究外语学习的基本规律。

（二）学生因素

1.学生角色的定位

在英语教学中，学生主要扮演以下角色。

（1）主人

学生是英语课堂教学的主人。学生对知识的探索、发现、吸收以及内化等，有利于知识体系的构建。

（2）参与者

作为英语教学活动的重要参与者，学生应积极主动地参与各项活动，积极思考，勇于表达个人观点，展示个人才能。

（3）合作者

英语教学是师生之间及学生之间共同进行的活动，团队合作不可缺少。在合作中，师生之间、生生之间可以相互学习，相互帮助，共同提高。

（4）反馈者

在英语教学中，学生的反馈信息是教师改进教学的一个重要依据，学生可以结合自身学习经历，就教学法的实用性向教师提出建议或意见，并协助教师改进和完善教学内容和教学方法，提高学习效果。

2.学生的个体差异

学生之间的差异主要体现在以下几个方面。

（1）语言潜能的差异

语言潜能包括：第一，语音编码、解码的能力，即关于输入处理的能力；第二，归纳性语言学习能力，即有关语言材料组织和操作的能力；第三，语言敏感性，即从语言材料中推断语言规则的能力；第四，联想记忆能力，即关于新材料的吸收和同化的能力。学生之间的语言潜能存在差异，在英语教学过程中，教师应了解学生的语言潜能，因材施教，使学生能够针对不同的学习任务、不同的场合发挥各自长处，以收到良好的效果。

（2）认知风格的差异

认知风格又称认知方式，指个体在认知过程中所表现出来的习惯化的行为模式，既包括个体知觉、记忆、思维等认知过程方面的差异，也包括个体态度、动机等人格形成和认知功能及认知能力方面的差异。每个学生都有自己与众不同的认知风格，不同的认知风格又有优劣之分，但并不体现在学生的学习成绩上。每个学生都有偏爱的信息加工方式，在学习不同材料时也各有所长，当学生的认知风格与教师的教学风格、学习环境中的某些因素相吻合时，会获得良好的学习成绩。因此，教师应了解并尊重学生的认知风格，并根据不同的学习任务和学习环境对学生因材施教，使教学特点与学生的需要有机地结合起来，从而获得良好的教学效果。

（3）情感因素的差异

情感因素差异主要涉及以下三个方面。

第一，学习动机。学习动机指激发个体进行并维持已引起的学习活动，使其行为朝向一定学习目标的一种内在过程或内部心理状态。学习动机是直接推动学生进行英语学习的内部动力，是影响英语学习成绩的一个关键因素。学习动机源于学习活动，也是学习活动得以发动、维持、完成的重要条件，并由此影响学习效果。

第二，性格。性格指一个人对现实态度和行为方式表现出稳定又可变的心理特征。性格是学生重要的情感因素，也是决定英语学习成功与否的关键因素之一。人的性格可以分为外向型和内向型两种。外向型的学生善于交际方面的学习，能够积极参与英语学习活动，并在活动中寻求更多的学习机会；内向型的学生在发展认知型学术语言能力上更占优势。对教师而言，研究学生在性格上的差异性的最终目的是了解学生的个体差异和不同的心理状态，因材施教，发挥不同性格学生的优势，以获得更理想的教学效果。

第三，态度。态度是个体对他人或事物的稳定心理倾向。态度是影响学习效果的重要因素之一。学习态度一般包括情感成分、认知成分和意动成分。所谓情感成分，是对某一个目标的好恶程度；认知成分是对某一个目标的信念；意动成分是对某一个目标的行动意向以及实际行动。通常来讲，获得好的学习效果应该对异质文化具有好感，向往其生活方式，渴望了解历史、文化和社会习俗等。学生对学习材料、教学活动的组织形式及对教师的态度，都会影响学生语言学习的效果。因此，分析学生的个体差异，有利于教师制订合理的教学计划、选择适合的教学材料及方法。

3.成功的语言学习者的特征

第一，认真并愿意听教师讲课，坚持做笔记，对教师讲过的单词、短语、句子和课文等定期复习。

第二，具有冒险精神，能够大胆地运用所学知识，不怕犯错，对于教师的纠正有较好的态度。

第三，善于思考，可以用英语思维考虑问题，将所见所闻与学习过的英语知识联系起来。

第四，懂得通过与教师交流，提高语言水平，主要表现在经常提问、积极发言。

第五，有适合个人的学习方法。例如，有的学生喜欢早上背单词、课文；有的学生则在睡前背诵单词、课文。学生应该善于寻找适合自身的学习方法和时段。

第六，有着长远的学习目标，能使近期目标比目前学习的内容更加深入，善于充分利用有限的课堂时间与教师和同学进行交流。

第七，懂得安排课后时间，拥有持之以恒的学习态度。

（三）教学因素

1.教学内容因素

教学内容指在教学活动中为实现教学目标，师生共同作用的知识、技能、技巧、思想、观点、概念、原理、事实、问题、行为习惯等的总和。教学内容是一种特殊的知识系统，既有别于语言知识本身，又不同于日常经历；既要考虑英语学科本身的知识体系，又要考虑学生的年龄特点和实际需求。通常来讲，教学内容主要包括以下方面。

（1）语言知识

英语语言知识是综合英语运用能力的有机组成部分。语言知识是语言学习和语言运用的重要内容之一，英语语言能力的形成是以语言知识为基础的。

（2）语言技能

英语语言技能主要包括听、说、读、写四个方面，是形成综合语言运用能力的基础和必要手段。“听”的技能是分辨和理解话语的能力；“说”的技能是运用口语表达思想、输出信息的能力；“读”的技能指辨认和理解书面语言的能力；“写”的技能主要指运用书面语表达思想、输出信息的能力。在大量听、说、读、写等专项及综合性训练中，学生将会逐步提高各项技能的综合运用能力，为真实的语言交际奠定基础。

（3）情感态度

情感态度指兴趣、动机、自信、意志和合作精神等影响学生学习过程和学习效果的相关因素。积极的情感态度有利于发挥学生潜在的各种技能；消极的情感态度会阻碍语言学习能力的养成。因此，教师在教学中应不断激发并强化学生的学习兴趣，引导他们逐渐将兴趣转化为稳定的学习动机，从而形成积极的情感态度。

（4）文化意识

文化意识指所学语言国家的地理、历史、风土人情、传统习俗、生活方式、文学艺术、行为规范、价值观念等。对于学生来说，接触和了解英语国家的文化，可以加深对英语语言的理解和使用，提高人文素养，培养世界意识。因此，教师在英语教学中要注重对学生文化意识的渗透，根据学生的年龄特点和认知能力传授文化知识，培养其文化和世界意识。

（5）学习策略

学习策略指学生为有效地学习和发展而采取的各种行动和方法。英语学习策略主要包括认知策略、调控策略、交际策略和资源策略等。培养学生的学习策略可以促使他们有效学习，并为终身学习奠定基础。良好的学习策略可以改进学习方式、提升学习效果，还能使学生学会如何学习，培养自主学习能力。因此，教师要帮助学生形成个人的学习策略，对学习过程和效果进行监控和反思，培养学生根据学习风格调整学习策略的能力，引导学生善于观察他人的学习策略，愿意尝试不同的学习策略。

2. 教学方法因素

教学方法是教师和学生为了实现共同的教学目标、完成共同的教学任务，在教学过程中运用的方式或手段的总称。英语教学中有很多教学方法，并且都在英语教学中发挥作用。具体而言，英语教学中如果采用固定的、一成不变的方法，可能会降低英语教学效率；即使在一堂课中使用一种教学方法，学生也会感到单调、乏味。因此，英语教学所采用的方法应具有灵活、多样等特点，要对各种语言技能有所侧重，如此才能全面提高学生英语学习的能力。

3. 教学环境因素

教学环境是一个由多种要素构成的复杂系统。广义的教学环境指影响学校教学活动的全部条件，它可以是物理环境和心理环境；狭义的教学环境指班级内影响教学的全部条件，包括班级规模、座位模式、班级气氛、师生关系等。教学环境要素可以总结为以下几个方面。

第一，社会环境。社会环境是影响和制约外语教学的重要因素，主要涉及社会制度、国家的教育方针、科学技术水平、经济发展状况、人文精神、外语教育政策、社会群体对英语学习的态度、社会对英语的需求程度等。英语教学发展的主要动力是社会环境，其对英语教学具有极强的导向作用。

第二，学校环境。学校是为学生提供学习场所和学习手段的最佳环境。学校环境对英语教学的影响是最重要和最直接的，决定着学生英语学习的成败。学校环境主要涉及课堂教学、接触英语时间的频率、班级规模、教学设施、教学资料、英语课外活动、英语教师及其他教职工对英语的态度及英语水平、校风班风和师生人际关系等。

第三，个人环境。个人环境也会对学生的英语学习产生一定影响。个人环境一般包括学生的家庭成员、同学、朋友的社会地位，物质生活条件，文化水平，职业特点和对英语学习的态度、经验、水平及学习方式，成员之间的关系及感情，学生的经济状况，拥有的英语学习设备和工具等。

教学环境对英语教学的影响体现在以下几个方面。

第一，教学环境能够使教师在教学中更加努力地营造良好的课堂环境，充分利用现代化教学设备，优化教学环境，提高学生对英语语言的运用能力。

第二，教学环境可以帮助教师正确认识环境对学生学习英语的影响，结合我国英语教学现状，理性地分析、判断和选择其他国家英语教学的理论和方法。

第三，教学环境可以帮助教师有效地加工语言输入材料，科学地设计语言练习，创造良好的课堂英语使用环境。

第四，教学环境有利于教师不断学习和优化课堂教学环境策略，以及在创设良好的英语教学环境过程中，提高自身的教学素质。

二、大学英语教学的理论依据

（一）行为主义心理学

行为主义心理学兴起于20世纪50年代的美国，其代表人物主要有华生（Watson）和斯金纳（Skinner），他们将学习看作刺激与反应的联结，并提出一个假设，即行为是学生对环境刺激所做出的反应。他们将环境看成刺激，把有机体行为当作反应，认为所有的行为都是通过学习获得的。行为主义在学习理论中发挥了重要作用，特别是巴甫洛夫（Pavlov）的经典条件反射和斯金纳的操作条件反射理论，在人类的学习中被广泛应用。

斯金纳认为人们言语的每一部分都是由于某种刺激的存在而产生的，这里的“某种刺激”既可能是言语刺激，也可能是外部刺激或内部刺激。人的言语行为和大多数其他行为一样，是一种操作性行为，是通过各种强化手段获得的。因此，课堂上如果学生做出操作性反应，教师需要及时给予强化：学生答对问题时要说“好”或“正确”，答错时要说“不对”或“错误”。这样，学生的言语行为会得到不断强化，发生错误的可能性会逐渐降低，从而学会使用与语言反射区相适应的语言形式。

（二）人本主义心理学

20世纪50年代，人本主义心理学在美国兴起，与行为主义心理学和心理分析心理学形成对立。人本主义心理学的主要代表人物有马斯洛（Maslow）和罗杰斯（Rogers），他们认为教育的作用在于提供一个安全、自由、充满人情味的心理环境，使人类固有的优异潜能得以自动实现。人本主义心理学的主要理论是“情意教学过程论”和“以学生为中心的教学模式论”。

人本主义心理学强调学生内心世界的重要性，并且把个人思想、意愿与情感放在所有人发展的中心地位。人本主义所倡导的学习理论不同于行为主义和认知心理学，从验证性研究中得到原则后再形成推论，而是根据经验原则提出观点与建议。此外，人本主义学习理论不限于对片面行为的解释，而是扩大至对学生整个成长历程的解释。

人本主义学习理论的基本观点包括：第一，强调人的价值，重视人的意识所具有的主观性、选择能力和意愿；第二，学习是人的自我实现，是丰富人性的形成；第三，学生是学习的主体，必须受到尊重，任何正常的学生都能自己教育自己；第四，人际关系是有效学习的重要条件，在学与教的活动中创造“接受”的气氛。

由此可见，人本主义学习理论的最大特点是重视学习的感情因素。因此，教师在语言教学过程中，要以学生为中心，突出学习过程和自我实现的价值，贯彻“以人为本”的原则。

(三) 建构主义理论

随着心理学的不断发展，以及心理学家对人类学习过程中认知规律研究的不断深入，20 世纪后期，认知理论的另一个重要分支——建构主义学习理论在西方逐渐流行。建构主义的最早提出者，可追溯至瑞士学者皮亚杰（Piaget）以及苏联心理学家维果茨基（Vygotsky）。

建构主义理论强调在教师指导下，以学生为中心的学习方法，认为学生是信息加工的主体，是意义的主动建构者，而不是外部刺激的被动接受者和被灌输的对象；教师是学习的意义建构的帮助者和促进者，而不是知识的传授者和灌输者。

20 世纪 90 年代以后，随着科学技术的迅速发展，多媒体和网络技术为建构主义理论提供了技术支持，建构主义学习理论教学设计思想得到广泛应用。

(四) 二语习得理论

虽然在 20 世纪 60 年代二语习得理论已有展开，但是其真正成为一门独立学科是在 20 世纪 70 年代，其主要代表人物是美国学者克拉申（Krashen），他针对第二语言的习得提出了语言监控理论。虽然人们对这一理论还存在争议，但是这一理论是具有影响力的外语教学理论之一。

1. 习得—学习假设

对“习得”和“学习”的区分，以及对二者各自在习得者第二语言能力形成过程中所起到的作用的认识，是克拉申理论的出发点和核心。在习得—学习假设中，克拉申将学习和习得明确地分开，将习得看作在学生无意识的状态下获得语言的过程；学习是学生有意识地通过课堂学习等方式获得语言的过程。简言之，习得和学习的知识处在大脑不同部位。

2. 自然顺序假设

自然顺序假设认为人们习得语言结构知识的顺序是自然进行的。例如，当人们学习英语时（第二语言学习），对“进行时”的掌握先于“过去时”，对“名词复数”的掌握先于“名词所有格”等。自然顺序假设并不要求人们按这种顺序制定教学大纲。事实上，如果以习得某种语言能力为目的，可以不按照任何语法顺序教学。

3. 监控假设

克拉申还提出了监控假设，说明学习的作用。事实上，监控假设与习得—学习假设有着密切关系，体现出“语言习得”和“语言学习”的内在关系。根据这一假设，语言习得和语言学习的作用所存在的不同便显现出来。语言习得系统认为，潜意识的语言知识才是真正的语言能力。语言学习系统认为，有意识的语言知识只在第二语言运用时起到监控或编辑作用，这种监控作用既可发生在语言输出前，也可发生在其后。但是，监控能否发挥作用，主要依赖三个条件：①有充足的时间。语言使用者只有拥有足够的时间，才能有效选择和运用语法规则。②注意语言形式。语言使用者必须考虑语言的正确性。③知道规则。语言使用者一定要具有所学语言的语法概念及语言规则知识。在口头表达时，人们只注重说话的内容而忽视形式，没有过多地考虑语法规则。因此，在说话时，如果总是考虑语法监控，不断构思和纠正语法错误，会导致说话结巴，妨碍交际活动的进行。但在书面表达中不会出现这种状况，因为写作者有足够的时间推敲字句、斟酌语法。

（五）输出假设

输出假设是斯温根据“沉浸式”教学实验提出来的，主要观点是语言输入是二语习得的必要条件，但不是充分条件。也就是说，要使学生达到较高的外语水平，除了依靠可理解性输入，还要充分利用各种资源，需要对将要输出的语言进行构思，保证其更恰当、更准确，并能被听者理解。这样，既可以提高学生语言使用的流利程度，又能使他们意识到自己在语言使用中存在的问题。因此，在外语教学课堂上，教师应该给学生足够的时间和机会使用语言，以提高学生语言使用的流利性和准确性。

第二节　大学英语教学的原则与方法

一、大学英语教学原则

（一）灵活性原则

语言是生活的一个必要组成部分，是一个充满活力、不断发展的开放性系统。语言本身的性质以及学生自身特点，要求教师在英语教学中遵循灵活性原则，在教学方法、语言学习和语言使用方面做到灵活多样、富有情趣。

1. 教学方法的灵活性

在英语教学史上曾经出现过不同的教学方法和流派，如语法翻译教学法、视听教学法、交际教学法等，每种方法都有自身的优势与不足，教师应该兼收并蓄、集各家所长，切忌拘泥于某一种教学方法。

英语教学包括语言知识和语言技能两个方面。语言知识包括语音、词汇、语法等内容，不同的语音、不同的词汇、不同的语法项目具有不同的特点。语言技能既包括听、说、读、写四个方面，又包括许多微技能。学生的个体差异也是不同的，因此，在英语教学过程中，教师要综合学生、教学内容以及自身特点，创造性地开展多种教学活动，充分体现教学方法的多样性和创新性，使英语课堂新鲜有趣，从而激发学生学习英语的热情，挖掘学生潜能。此外，教学的内容也要体现灵活性原则，教师不仅要教英语，还要教学习方法，同时结合英语教学教会学生如何做人。

2. 学习的灵活性

教学方法和教学内容的灵活性可以有效带动英语学习的灵活性。教师应努力改变以往单纯死记硬背的机械性学习方法，帮助学生探索合乎英语语言学习规律和符合学生生理、心理特点的自主性学习模式，使学生能够自我导向、自我激励、自我监控，静态、动态结合，基本功操练与自由练习结合，单项和综合练习结合；通过大量实践，使学生具有良好的语音、语调、书写和拼读基础，并能用英语表情达意，开展简单的交流活动，开发听、说、读、写综合运用语言的能力。

3. 语言使用的灵活性

英语学习的关键在于使用，教师需要通过使用英语带动和影响学生使用英语，应尽可能多地用英语组织教学、讲解、提问、布置作业等，使学生感到所学的英语是活的语言。

英语教学的过程不应只是学生听讲和做笔记的过程，而应是学生积极参与，运用英语实现目标、达成愿望、体验成功、感受快乐的有意义的交际活动过程。另外，教师可以通过作业，使学生灵活地使用英语。教师布置的作业应侧重学生实践能力的培养，比如让学生录制口头作业，让学生轮流运用英语进行值日报告，陈述和评议时事、新闻等。

（二）交际性原则

语言是交际的工具，人们主要通过语言交流思想、传递信息。交际是在特定语境中说话者和听话者、作者和读者之间的意义转换。由此可以得出几点启示：①交际包括口语和书面语两种交际形式；②交际总是发生在一定的语境中；③交际需要两个以上的人参与并产生互动。学习英语的首要目的是使用英语进行交际，而英语教学的首要目标在于培养学生的交际能力。交际能力的核心是运用所学语言知识在不同场合与不同对象进行有效、得体的交际。因此，在英语教学中，首先要贯彻交际性原则，使学生能够运用所学英语与人交流，对此，教师应在教学过程中做到以下几点。

1.充分认识英语课程的性质

英语课是一种技能培养型课程，要把语言作为一种交际工具来教、来学、来使用，而不是把教会学生一套语法规则和零碎的词语用法作为语言教学的最终目标，要使学生能用所学语言与他人交流，获取信息。因此，在教学过程中，教、学、用构成一个有机的相辅相成的统一体，其中的核心在于使用。对此，教师应转变以往陈旧的教学观念，认清课程性质。这是落实交际性原则首先需要解决的问题。

2.创设情境，开展多种形式的交际活动

语言是交际的工具，而交际的发生总是处于特定的情境中。情境包括时间、地点、参与者、交际方式、谈论的题目等要素。在某一特定情境中，讲话者所处的时间、地点及身份都制约着其说话的内容、语气等。因此，在基础英语教学中，要使教学内容置于一种有意义的情境中，可以使学生身临其境，提高学习英语的兴趣。英语教学活动要充分考虑交际性的特点，结合教材内容，尽量利用各种教具，创设与学生生活密切相关的各种情境，从而进行真实或逼真的英语交际训练活动，如此才能使学生学有兴趣、学有成效，做到学用结合。

3.注意培养学生语言使用的得体性

英语教学的首要目标在于培养学生进行有效的交际的能力。传统的英语教学偏重语法结构的正确性，根据交际性原则，学生要具备良好的交际能力，需要在适当的时间、适当的地点，以适当的方式向适当的人讲适当的话；而创设情境，开展多样的交际活动，比如课堂游戏、讲故事、猜谜语、编对话、角色扮演、话剧表演、专题讨论或者辩论等，都有助于学生在创设情境中充分表现自己，从而掌握地道的语言。

4.精讲多练

英语课堂内容包括讲和练，前者指讲授语言知识，后者是进行语言训练。在课堂上，适当地讲授语言知识是必要的，可以提高教学效果。因为英语是一种技能，技能只有通过实际训练才能获得。在语言训练过程中，教师应对学生的具体问题给予“画龙点睛”式的点拨，这不仅有利于学生语言交际能力的培养，还有助于学生养成良好的学习与思维习惯。在进行必要的讲解之后，教师要留给学生足够的训练时间。

5.注重教学内容与教学活动的真实性，贴近学生的生活

语言与现实生活密切相关，教学活动的设计与教学内容的选择需要考虑这一因素。在英语教学中，要把语言和学生所关心的话题结合起来，为学生提供内容丰富的、题材广泛的、贴近他们生活的信息材料。另外，教学内容的真实性还要求教材的语言和教师的语言是真实的，也就是说，教材的语言和教师的语言应该是以英语为母语的人在交际过程中使用的语言，而不是专为教学编写出来的。

（三）兴趣性原则

我国古代教育家孔子把学习分为三个不同层次：知学、好学和乐学。兴趣是推动学生学习英语的最强动力，学生积极探求事物并带有感情色彩的认识倾向，可以使学生在学习活动中变得积极主动，从而获得更好的学习效果。

1.学习兴趣的功能

第一，定向功能。学习兴趣作为影响学习过程的一种非智力因素，其作用是最明显、最持久的，决定着学生的进取方向，为学生的终身学习奠定了基础。

第二，动力功能。学习兴趣与人的情感活动密切相关，可以直接转化为学习动力。当学生对英语学习具有浓厚的兴趣时，学习不再是一种负担，而是一种乐趣。

第三，支持功能。英语学习是一个漫长而又复杂的过程，学习兴趣是在克服困难、战胜挫折、保持旺盛精力的基础上，对学习起到支持作用的。

第四，偏倾功能。人们往往从自己的兴趣出发审视事物，表现在英语学习上则是每个学生的兴趣不同，学习的侧重点也有所不同。有的学

生对记忆单词特别感兴趣，有的学生特别喜欢阅读英语文章，还有的学生特别喜欢英语写作。对于这些侧重点的差异性，教师需要因势利导，在学生原有侧重点的基础上，引导学生向正确的方向发展。

2.激发和培养学生学习英语的兴趣的方法

第一，充分了解学生的生理与心理特点，尊重学生的主体性。学生是学习的主体，是整个学习过程的核心承载者。基础英语教学要从学生的心理和生理特点出发，改变传统的学习方式，让学生通过体验和实践进行学习。传统的语言学习方式强调学生在初级阶段要学好音标，学好语法，记忆一定量的词汇。英语课程必须从学生的心理和生理特点出发，遵循语言学习规律，从改变学生的学习方式着手，通过听做、说唱、玩演、读写和视听等活动方式，达到培养兴趣、形成语感和提高交流能力的目的，尤其在学习的初级阶段更要如此。

第二，防止过于强调死记硬背、机械操练的教学倾向。英语学习需要一定的死记硬背和机械操练的活动，但是，过多的机械性操练容易导致课堂教学的单调乏味，使学生降低或者失去学习英语的兴趣。为此，教师应该科学地设计教学过程，营造有利于学生思维的教学环境，帮助学生通过各种渠道获取知识，加速知识的内化过程，使学生能够在听、说、读、写等语言交际实践中灵活运用语言知识，变语言知识为英语交际工具。学生在获得交际能力的同时，综合素质也会得到提高，学习兴趣才会得到巩固与加强。

第三，挖掘教材，激情引趣。教材是英语教学的核心，教师要想最大限度地调动学生的积极性，就要在备课中认真研究教材，挖掘教材中的兴趣点，使每节课都有新鲜感，有让学生感兴趣的内容和活动。

第四，善于发现学生的进步，给予鼓励表扬，培养学生的自信心和成就感。对学生而言，学习兴趣的保持在很大程度上取决于学习效果，取决于学生能否获得成就感。因此，教师需要通过多种激励方式，如奖品激励、人物激励、荣誉激励、信任激励和情感激励等，激发学生积极参与、大胆实践，从而体验成功的喜悦。

第五，注意发现和收集学生感兴趣的问题，并把这些问题作为设计教学活动的素材。例如，在教数字时，教师可以请学生收集家里所有的数字，学生除了收集家里的电话号码、邮编、汽车牌照之外，还可以收集家人鞋子和衣服的尺码、父母的身高、家里的藏书数目、自己的零用钱等。这样，一节普通的数字课就会上得生动有趣。

第六，增强教师与学生之间的交流。一个班级的学生来自不同的家庭环境，教师要平等对待每一个学生，对学生充满爱心，通过各种形式与学生进行交流，真心与学生交朋友，理解学生。因为学生对某一门课程的喜欢程度，取决于他们对于授课教师的态度。另外，教师还要寓思想教育于教学中，结合英语教学培养学生的道德情感和对英语学习的热情，创造和谐、宽松的课堂气氛，注意保护学生的自尊心。

第七，改变传统的英语测试方式。应试教育对学习兴趣的影响较大。基础英语课程的评价应以形成性评价为主，采用学生日常教学活动中常见的方式进行，重视学生的态度、参与的积极性、努力的程度、交流能力以及合作精神等。除了形成性评价外，还可以采用口试与笔试相结合的方式。口试主要考查学生实际语言的应用能力；笔试主要考查学生听和读的技能以及初步的写作能力。评价可采用等级制或达标方法记录成绩，不应将学生按成绩排名。

(四) 输入与输出原则

输入指学生通过听和读接触英语语言材料；输出指学生通过说和写进行表达。心理语言学研究表明，输出建立在输入基础上。在此意义上，输入是第一性的，输出是第二性的。一方面，在人们学习英语的过程中，理解的总是比表达的多；另一方面，语言输入的量越大，语言输出的能力越强。有效的语言输入应具备三个特点：一是可理解性。如果学生不能理解输入的语言，这些输入无异于噪声，是不被接受的。二是趣味性或恰当性。所输入的语言材料要使学生感兴趣，使他们意识不到是在学习外语，而将注意力放在意义上。三是足够的输入量。要习得一个新句型，只依靠练习或者是阅读语言材料是不够的，还需要数小时的泛读以及讨论才能完成，对此，教师在教学过程中应该注意以下几个方面。

第一，尽可能多地让学生接触英语。通过视、听和读等手段，为学生提供可理解的语言输入，如声、像材料的示范和贴近学生日常生活和学习、适合学生英语水平、具有时代特色的读物等。另外，学生学习的内容不应局限在课本之内，教师还应该打破课内外的界限，帮助学生扩大语言接触面。

第二，输入内容和输入形式的多样化。学生接触的英语既要有声音，又要有图像，还要有文字，而且语言题材和体裁以及内容应广泛，来源多样化。例如，在日常生活中，学生每天都会接触到英语，比如文具、衣服、道路标志、电器等上面都有许多英语，如果能够利用这些事物，学生则可以轻松地学到英语知识。另外，教师还要注意根据语言分类，为学生提供多种形式的输入。

第三，提高接触语言的频度。学习语言，接触语言的频度比长度更重要。

第四，强调学生的理解能力。学生对知识的认识不要仅仅停留在表层，而应该深入分析和把握知识的内涵和本质。因此，教师应该注重培养学生的理解能力，学生的理解能力不仅可以促进其掌握相关的知识，还能够使学生在学习和获取知识的过程中把握获取知识的能力和方法，不断提升学生的学习能力和思维能力。在具体的教学中，教师要强调学生的理解能力。

第五，为学生提供的语言材料要符合学生的实际情况，符合可理解性、趣味性和恰当性的要求。教师可以根据语言学习规律和学生在认知水平、目标语水平等方面的个体差异，以及语言文字在音、形、义方面的特征，从语言材料输入方式和音、形、义以及话语功能的匹配关系等方面对材料进行处理。

（五）宽严结合的原则

所谓宽与严，指如何对待学生在学习过程中出现的语言错误，也就是如何处理准确和流利之间的关系。外语学习是一个漫长的内化过程，学生从开始只懂母语，一直到最后掌握一种新的语言系统，需要经过不同阶段。从中介语的观点来看，在各个阶段，学生所使用的语言都是一种过渡性语言，既不是母语的翻译，也不是将来要学好的目标语，这种过渡语会有很多错误。传统的分类方法将错误分为语法、词汇和语言错误，语法错误又被进一步分为冠词、时态、语态错误等。这种分类方法主要基于语言形式而忽视了语言的交际使用。对于各种错误的分析是第二语言习得研究的重要课题，因为通过对错误的分析，可以发现学生的学习策略，而这些策略正是学生产生错误的原因。

语言错误是学习英语过程中的必经阶段。出错—无意识错误—出错—意识错误—出错—自我纠正错误，是每一个学生的必经之路，没有这个过程就不可能达到流利的程度。因此，教师应鼓励学生不怕出错，而且要耐心地倾听学生的英语，并给予纠正指导。一方面，教师要坚持用正确的语言熏陶学生；另一方面，当学生的语言错误影响信息的传递时，教师要在鼓励的前提下进行必要纠正，保证学生使用英语的准确性。简而言之，在英语教学中，教师应该采取宽严结合的方法，当以交流为目的时，对学生的语言错误采取宽容的态度；当以语法学习为目的时，则采取严格的态度，既保证学生具有扎实的语言基础，又有利于鼓励学生大胆使用英语。

宽严结合的原则，实际上是正确处理准确和流利之间的关系，存在两种区分情况：对于初学者，不宜过分纠正语言中的错误，而应鼓励其使用英语进行交际；对于中等以上的学生，可以适当地纠正语言中的偏差，但是要以不打击其学习积极性为前提。此外，在写作或演讲时应该强调英语表达的准确性。

二、大学英语教学方法

（一）转变英语学习观念

大学英语的学习要在进行基本语言技能训练的同时，逐渐将其转化为应用语言的能力，要广泛阅读，接触丰富的语言材料，学习地道的表达方式，拓宽知识面，丰富个人的思想。

同时，一定的输入（阅读、听力）后必须有一定的输出量（写作、口语），将学到的表达方式加以应用。英语学习的转变主要体现在以教师为中心，单纯传授语言知识和技能的教学模式，向以学生为中心，既传授一般的语言知识与技能，也注重培养语言运用能力和自主学习能力的教学模式转变。

（二）改变英语学习方法

1.制订合适的自学计划

英语学习计划可分为长期和短期两种。长期计划可设定为本科四年英语所要达到的程度；短期计划可以规定每个学期、每月、每周或每天应学习的内容。长期计划是树立一个学习目标；短期计划则是提醒每天都在朝着这个目标迈进。必须注意的是，制订计划需要根据个人的实际情况，简单且切实可行。另外，在学习过程中可以对计划进行适当调整，以适应变化的情况，而且实施计划要认真和坚持。

2.积极创造语言学习环境

良好的环境对于语言学习能起到重要作用。课堂时间有限，仅依靠课内的时间是不够的，还应该创造课外的学习环境，使个人始终置身于英语世界中。例如，坚持与同学用英语进行交流，积极参加各种英语竞赛，坚持听英语广播、英语讲座，看英文电影、录像，经常去英语角，同外国人交流，看英语书籍、杂志等，习惯使用英语思维。

3.充分利用英语教材

英语教材在大学里依然是进行英语学习的系统工具，其中的课文绝大部分是选自原文，语言材料丰富多样，出现的词汇也比较常用，课后练习经专家审定，又经多次试用、反复修改，学生认真学习教材无疑对英语学习大有裨益。学好教材要注意三点：认真完成课前预习，充分利用课堂时间，及时做好课后复习。

总而言之，大学英语教学在目标方面，更注重学生实际英语综合运用能力，尤其是听、说能力的培养，而不是单纯为了考试。在英语教学中，教师应强调语言应用能力的培养，要求学生在用中学、学中用，把课本知识通过教师的指导、同学的相互帮助加以应用，并在应用中发现问题、解决问题。

在学习方法上，大学英语教师是学生学习的组织者和指导者，给学生介绍方法、指出方向，引导学生思考，组织学生讨论，使学生在思考中学习、在讨论中提高。大学英语学习在方法上，更加提倡个人的自我管理能力和自主学习能力，学生要认真完成教师布置的学习任务，根据具体情况，制订详细的短期、中期和长期的英语学习计划并严格执行，要主动、充分利用一切可利用的学习资源进行自主学习，如图书馆、网络课程等。

第二章 大学英语教学的多视角创新整合

第一节 信息技术与大学英语课程的整合

一、信息技术教育应用的发展

自20世纪50年代末研究出第一个计算机辅助教学系统以来，信息技术教育应用在发达国家大体经历了三个发展阶段。

20世纪60年代初至20世纪80年代中期，主要是利用计算机的快速运算、图形动画和仿真等功能辅助教师解决教学中的某些重点、难点，这一阶段被称为计算机辅助教学阶段。这是信息技术教育应用的第一个发展阶段。在这一阶段，一般只提“计算机教育”，还没有提出“信息技术教育”的概念。

20世纪80年代中期至20世纪90年代中期为计算机辅助学习阶段。此阶段逐步从以辅助教为主转向以辅助学为主，强调如何利用计算机辅助学生学习，例如，用计算机帮助搜集资料、辅导答疑、自我测试以及安排学习计划等。这个阶段不仅用计算机辅助教师的教学，更强调用计算机辅助学生自主地学习，是信息技术教育应用的第二个发展阶段。在这一阶段，“计算机教育”和“信息技术教育”两种概念同时并存。

信息技术与各学科课程的整合是从20世纪90年代中期开始的，这一时期被称为信息技术与课程整合阶段。至此，信息技术教育应用进入第三个发展阶段。这一阶段以信息技术应用于教学为显著特征，而信息技术的应用使教学模式发生了重大变化。在这一阶段，原来的“计算机教育”（或“计算机文化”）概念已完全被“信息技术教育”所取代。

信息技术与课程的整合，是当前国际教育界非常关注的一个研究课题。

二、信息技术与课程整合的目标与内涵

（一）信息技术与课程整合的目标

信息技术与课程整合，不是把信息技术仅仅作为辅助教或辅助学的工具，而是强调要利用信息技术来一种营造新型的教学环境，该环境应是能支持情境创设、启发思考、信息获取、资源共享、多重交互、自主探究、协作学习等多方面要求的教学方式与学习方式，也就是实现一种既能发挥教师主导作用又能充分体现学生主体地位的，以“自主、探究、合作”为特征的教与学方式，这样就可以把学生的主动性、积极性、创造性较充分地发挥出来，使传统的以教师为中心的课堂教学模式发生根本性变革。教学模式变革的主要标志是师生关系与师生地位的改变，从而使学生的创新精神与实践能力的培养真正落到实处，这正是我们的素质教育目标所要求的。

发达国家把信息技术与课程整合看作培养 21 世纪人才的根本措施，而 21 世纪人才的核心素质则是创新精神与合作精神。信息技术与课程整合是培养创新型人才的重要途径乃至根本措施，信息技术与课程整合所要达到的目标，就是要实现创新型人才的培养。这既是我们国家素质教育的主要目标，也是当今世界各国进行新一轮教育改革的主要目标。

（二）信息技术与课程整合的内涵

通过以上对信息技术与课程整合目标的分析中可以看到，我们对整合目标的确定，是从分析信息技术与课程整合的性质、功能入手，在把握信息技术与课程整合本质特征的基础上推导出其目标。因此只要稍加精炼与加工，我们就完全有可能从上述关于整合目标的分析过程中，引申出关于信息技术与课程整合的定义或内涵。

这一定义或内涵可以表述为：所谓信息技术与学科课程的整合，就是通过将信息技术有效地融合于各学科的教学过程来创设一种新型教学环境，实现一种既能发挥教师主导作用又能充分体现学生主体地位的，

以“自主、探究、合作”为特征的教与学方式，从而把学生的主动性、积极性、创造性较为充分地发挥出来，使传统的以教师为中心的课堂教学模式发生根本性变革，从而使学生的创新精神与实践能力的培养真正落到实处。

由这一定义可以知道，信息技术与课程整合包含三个基本属性：创设新型教学环境、实施新的教与学的方式、改革传统的教学模式。新型教学环境的创设是为了支持新的教与学的方式；新的教与学的方式是为了改革传统的教学模式；改革传统的教学模式则是为了最终达到创新精神与实践能力培养的目标，如创新型人才培养的目标。可见，“整合”的实质与落脚点是改革传统的教学模式，即改变以教师为中心的教学模式，创建新型的，既能发挥教师主导作用又能充分体现学生主体地位的，“主导与主体相结合”的教学模式。

“环境”这一概念含义很广，教学过程主体以外的一切人力因素与非人力因素都属于教学环境的范畴。所以，上述定义就信息技术在教育领域的应用而言，和把计算机为核心的信息技术仅仅看成工具、手段的CAI（Computer Assistant Instruction，计算机辅助教学）或CAL（Computer Assistant Learning，计算机辅助学习）相比，显然要广泛得多、深刻得多，其实际意义也要重大得多。CAI主要是对教学方法与教学手段的改变，但没有出现新的学习方式，更没有改变教学模式，所以它和信息技术与课程整合二者之间绝不能画等号。但是，在课程整合过程中也会将CAI课件用于促进学生的自主学习，所以“整合”并不排斥CAI，其目的是将CAI课件作为帮助学生自主学习的认知工具与协作交流工具，这种情况下，CAI只是信息技术应用于整个教育过程的一个环节、一个局部。而传统的以教师为中心的计算机辅助教学是把CAI课件作为辅助教师突破教学中的重点与难点的直观教具、演示教具，这种情况下CAI就是信息技术应用于教育的全部内容。可见，这两种教学情境下CAI课件的运用，其应用方式和内涵实质都是不一样的。

从全球教育的发展趋势看，信息技术教育应用逐渐进入第三个发展阶段，即信息技术与课程整合的阶段。进入这个阶段后，信息技术就不再仅仅是辅助教或辅助学的工具，而是要通过创设新型教学环境和创新教与学的方式，从根本上改变传统的以教师为中心的教学模式，培养学生的创新精神与实践能力，使学生成为创新型人才。

三、信息技术与课程整合在大学英语教学改革中的实践意义

多年来，大学英语教学的模式实质上就是以教师为中心的教学模式。在这种模式下，教学系统中四个要素的关系是：教师是主动的施教者，是教学过程的绝对权威，教师通过口授、板书把语言知识传递给学生；作为学习过程主体的学生，在整个教学过程中主要是用耳朵听、用手记，完全处于被动接受状态，是外部刺激的接收器；媒体在教学过程中主要作为辅助教师突破教学中重点与难点的演示教具、直观教具；教材是学生获取知识的唯一来源。这种教学模式的优点是有利于教师主导作用的发挥，有利于教师对课堂教学的组织、管理与控制；但是，这一模式的最大缺陷就是忽视学生的主动性与积极性的发挥，不能把学生的主体地位很好地体现出来，难以达到理想的教学效果。

近年来，我国大学英语教学改革取得了不小的成绩。“整合”的实质正是要改变以教师为中心的教学模式，创建新型的，既能发挥教师主导作用又能充分体现学生主体地位的，“主导与主体相结合”的教学模式，以便激发学生的主动性、积极性与创造性，从而使创新型人才培养的目标落到实处。由此可见，信息技术与课程整合对深化我国大学英语教学改革具有重要的现实意义。在教学中探索和实践将信息技术与大学英语课程整合的教学模式，将会有助于大学英语教学改革进程的推进，提高大学英语教学的成效。

四、信息技术与课程整合的途径与方法

就高等教育而言，我国教育信息化的硬件设施有了很大的发展，绝

大多数的大学都已建立了自己的校园网络。如何利用信息技术环境（尤其是网络环境）促进教育深化改革，改变传统的“以教师为中心”的教学模式，形成“主导与主体相结合”的新型教学模式，是关于提升大学学科教学质量与效率的问题，也是中国教育信息化、科学化的关键问题。

目前国际上普遍认为只有通过信息技术与课程的有效整合才有可能解决上述问题。信息技术与课程整合的理论必须能够对信息技术与课程整合的目标、内涵和方法做出科学的回答，以整合途径与方法，这是信息技术与课程整合理论中最关键的问题。信息技术与课程的有效整合意味着数字化的学习，而数字化的关键是将数字化内容整合的范围日益增加，直至整合整个课程，并应用于课堂教学。当具有明确教育目标且训练有素的教师把具有动态性质的数字内容运用于教学的时候，它将提高学生探索与研究的水平，从而有可能达到数字化学习的目标。为了创造生动的数字化学习环境，学校必须将数字化内容与各学科课程相整合。

(一) 以先进的教育理念为指导

为了实现信息技术与课程的整合，必须运用先进的教育理论，特别是以建构主义理论为指导。信息技术与课程整合的过程绝不仅是现代信息技术手段的运用过程，它还是教育深化改革的过程。没有理论指导的实践是盲目的实践，改革必将失去正确的方向。除此以外，建构主义的学习理论与教学理论以及建构主义学习环境下的教学设计方法，可以为信息技术环境下的教学，也就是信息技术与各学科课程的整合提供最强有力的理论支撑。

(二) 以建立新型的教学模式为中心

“整合”的实质与基础是变革传统的教学模式，即改变以教师为中心的教学结构，创建新型的，既能发挥教师主导作用又能充分体现学生主体地位的，“主导与主体相结合”的教学模式。这就要求教师在进行课程整合的过程中，密切关注教学系统四个要素（教师、学生、教学内容、教学媒体）的地位与作用，通过课程整合，使这四个要素的地位与作用发生相应的改变；同时，要求教师深入思考改变的程度有多大，哪些要素改变了，哪些要素没有改变，没有改变的原因在哪里等问题，这些问题正是衡量整合效果与整合层次深浅的主要依据。

(三) 坚持“学教并重”的教学设计理论

目前流行的教学设计理论主要有“以教为主”的教学设计和“以学为主”的教学设计两大类，后者也被称为建构主义学习环境下的教学设计。由于这两种教学设计理论均有各自的优势与不足，所以最好是将二者结合起来，形成优势互补的“学教并重”的教学设计理论。这种理论既重视发挥教师的主导作用，又充分体现学生的主体地位。在运用这种理论进行教学设计时，以计算机为核心的信息技术，包括多媒体和计算机网络技术在内，不单单是辅助教师教课的形象化教学工具，更重要的是作为促进学生自主学习的认知工具与协作交流工具。

(四) 重视教学资源的建设

丰富而高质量的教学资源，是实现课程整合的必要前提，是学生自主学习、自主发现和自主探索的必不可少的条件，也是改变教师主宰课堂、学生被动接受知识这种状态的条件。缺少了这个条件，新型教学模式的创建便无从说起，创新型人才的培养也无法实现。教学资源的建设，要求广大教师努力搜集、整理和充分利用互联网上的已有资源（如免费教学软件等)，只有在确实找不到理想的与学习主题相关的资源情况下，才有必要由教师自己去进行开发。

(五) 注意结合学科的特点

新型教学模式的创建要通过全新的教学结构来实现。教学结构属于教学方法、教学策略的范畴，但又不完全等同于教学方法或教学策略。教学方法或教学策略一般是指教学上采用的单一的方法或策略，而教学结构则是指两种或两种以上教学方法或教学策略的稳定组合。在教学过程中，为了实现某种预期的效果或目标，创建新型的教学模式，往往要综合运用多种不同的方法与策略。当这些教学方法与策略的联合运用总能达到预期的效果或目标时，就成为一种有效的教学结构。能实现新型教学模式的教学结构有很多，但因学科和教学单元的内容不同而有所不同。在实际教学中，教师应结合各自学科的特点，通过信息技术与课程的深层次整合，创建新型的，既能发挥教师主导作用又能充分体现学生主体地位的，“主导与主体相结合”的教学模式。由此产生的教学模式的类型是多种多样的、分层次的。常见的实现信息技术与课程深层次整合的教学模式包括探究式教学模式、专题研究式教学模式、仿真实验教学模式等。探究式教学模式适用于各个学科每一个知识点的常规教学。专题研究性教学模式适用于培养学生解决实际问题的能力，包括发现问题、提出问题、分析问题、解决问题的能力。仿真实验教学模式则适用于物理、化学、生物等课程的实验教学。这几种教学模式都有各自不同的实施步骤与方法，如果能将这几种教学模式灵活运用，将有力地促进信息技术与课程设计的深层次整合。

第二节　多模态与大学英语课堂教学的结合

一、大学英语多模态课堂教学理论基础

（一）哲学基础

1. 主体间性哲学观与间性理论

19 世纪末 20 世纪初，西方哲学开始转向现代语言哲学，在某种意义上，这种转向标志着主体性哲学转向了主体间性哲学。“间”意为“在……之间”，从本体论来说，“间”揭示了主客观事物存在的普遍方式——主客体都不可能孤立地存在，主客体只有在相互“之间”的作用与影响中才能生存。间性的概念最早源自生物学研究，因在神经心理学、认知科学等领域的相关研究和发现而备受关注，逐步应用于哲学、美学、文学、艺术、教育等人文学科，并成为一种新的理论共识。所谓间性，主要指一般意义上的关系或联系。间性理论作为主体间性、语言

间性、文本间性、文化间性、媒体间性等诸多理论观点的综合，强调“你中有我，我中有你”，其哲学理论基础是主体间性。作为20世纪西方哲学凸显的一个范畴，主体间性理论是一种反主体性、反主客二分的近代哲学思想和思维模式，强调主体与客体的共在性、平等性，关注主体间对话沟通、作用融合及不断生成的动态过程。

尽管作为当代哲学的世纪之谜，主体间性的理论视角具有自身的缺陷和局限性，但其已经成为不同研究领域和研究方法的交汇点，并逐步衍生出一系列基于主体间性哲学观的理论视角，如媒体间性、语言间性、文化间性等。间性理论为美学、文学、文化学、社会学等各学科研究，特别是为跨学科研究提供了哲学基础，也为英语教育研究开阔了新的视野。

除了以上所讨论的主体间性的基本概念以及间性理论中“你中有我，我中有你”的哲学内涵，其他相关概念如媒体间性、语言间性、文化间性、文本间性等也是学界所关注的重点。

媒体间性，有时也称作媒体相互性，指的是现代媒体的相互关联，即媒体之间从信息内容到技术形式基于社会间性的综合、整合、转换与演变。所有媒体都兼具个性与共性，媒体间性就是媒体以共性为基础的个体差异性之间的桥梁。新媒体强化了师生主体之间、学生主体相互之间的主体间性，新媒体的多向性和互动性也加速了主体间性的进程。

语言间性是指语言的指称功能、意动功能、交感功能之间表现出的不协调和错位。换句话说，语言间性是指语用双方主体在沟通过程中客观存在的空间障碍。语言内在的差异性会带来语用双方理解度的波动性，而这种波动则预示了语言系统的二元性特征（即开放性和封闭性并行），从而决定了语义的二元性。语义的弹性特征导致了语用双方的沟通仅仅只是一种可能。作为二语习得研究领域中一个相当重要的概念，中介语是语言主体间性的一个主要表现，中介语是第二语言学习者在第二语言学习中形成的一种特定的语言系统，这种语言系统在语音、词汇、语法、语用等方面，既区别于母语，也不同于目的语，而是一种随着学习的发展向目的语的正确形式逐渐靠拢的一种动态的语言系统。

文化间性，也叫跨文化性。间性思维模式应用于文化学领域便派生出文化间性问题，从某种意义上讲，文化间性就是西方哲学中的主体间性问题在文化领域的具体体现，它体现了从属于两种不同文化的主体之间及其生成文本之间的对话关系，表现出文化的协同共存、交流互动和意义生成等特征。在大学英语教学中，进行文化间性研究，有助于加强线上的跨文化素养。

教育技术与大学英语课程的整合充分体现了间性理论作为现代英语教育哲学基础的重要性。教师、学生、教学内容、教学媒体四大要素不是简单、孤立地拼凑在一起，而是彼此相互联系、相互作用而形成的有机整体。在现代信息技术条件下，现代教学媒体的作用越来越显著，它改变了其他三大要素及其之间的关系，极大地提高了系统内部各要素之间信息传递和转化的效率。

首先，对于教师主体来说，教学媒体是组织、实施教学的一种重要工具，恰当地运用教学媒体可以减轻教师的工作负担，促进教师与学生主体之间的互动；对于学生主体来说，媒体则是一个认知和交流的工具，有利于学生有效地获取知识、发展认知能力、提高认知水平。根据主体间性，教师主体与学生主体之间具有显著的交互性，学生主体的中心地位离不开教师主体的主导作用，这是“以学生为中心、以教师为主导”教学思想的哲学基础。

其次，在现代信息技术条件下，师生主体都是具有一定媒体素养的人，而且往往具有一定的不平衡性，由于信息技术的迅猛发展，学生的信息素养可能会优于年龄较大的教师，在教学过程中学生可能会在新技术应用方面发挥着重要的作用，影响着教师主体及教学结构的取向。

最后，在新媒介条件下，教学内容资源化趋势明显，教材也从传统的单一的印刷图书转变为立体化的教学资源，教学内容更具多样性、易于获取性，在媒体形式上呈现出多元化、数字化的发展趋势。

2.间性理论指导下的多模态课堂教学原则

（1）基于主体间性的交互性教学原则

坚持主体间性的语言观和英语教学观有助于还原英语教学的本真特点。主体间性所提供的新的哲学范式和方法论原则，将对英语教学的目的、过程和师生关系等产生积极而深远的影响。在英语教学活动中，教师和学生是活动的主体，以课程、教材及其他教学资源为载体的教育内容构成他们共同作用的客体，其实践结构的模式是“教师—教育内容—学生”。

主体间性理论的实质是主体交互性，目前我国大学英语教学中普遍遵循的“教师主导、学生主体”的教学原则就是主体间性理念的重要体现。一方面，主体间性理论强调主体间的主观性和能动性，重视文化深层交流中体现出来的人性；另一方面，主体间性理论并非完全否认主体性，而是认为主体性应该建立在主体间性的基础之上，给我们的启示是，既要强调主体互动，又要注意学生个性差异。教育活动是学生的主体性和主体间性的统一。

（2）基于媒体间性的多模态教学原则

探讨媒体间性，有利于课堂教学媒体、模式和模态形式的创新。媒体间性本身不是一个新生事物，随着新媒体时代的到来，媒介融合日益深化，人们越来越关注媒体间性的研究。

媒体间性通常有三层含义：第一，不同媒体的综合与配合，即多媒体；第二，同时运用几种模式的交流，即多模态；第三，具有构件属性的媒体之间相互融合、相互依赖的关系。因此，多媒体、多模态、超文本性等都是媒体间性的重要体现，它们改变着人类关于识读能力的界定和标准，也改变着教学理念、教学手段和教学方法。新媒介为学生创造了无处不在的学习环境和立体化、数字化的“泛在学习”模式，为课堂教学注入了新的活力，强化了学习意义系统，扩展和改善了人际社会互动，构建了丰富的学习生态环境和学习文化。

多模态化不仅是教学媒体的表征，更是交互性原则和跨文化原则在教学实践中的实现。多模态教学极大地丰富了英语教学资源，拓展了意义表达的方式，促进了教师角色的多元化和教学资源的数字化。信息技术的不断更新，为学生创造了立体化、数字化的学习环境，使学生可以利用多媒体机房、语音教室、手机、平板电脑等进行学习。教师必须与时俱进，积极探索多媒体、多模态的教学与研究。

在经济全球化、交流信息化、文化多元化和语言多样性的背景下，新的交际媒体正在重塑我们使用语言的方式。为了满足现实生活、学习、工作的数字化需要，学生要熟练地进行多模态的交流，学会运用多媒体收集和分析信息，还要学会运用故事、报告等不同的文体以及书面、视觉、口头、色彩等多种模态，开展有意义的数字化学习和交流。数字化交流远远超越了传统的文字和文本模态，还包含静态图表、画面、动画、色彩、音乐、录音等。大学英语教学面临着向数字化、多模态转型的现实需求。

（二）教育学与心理学理论基础

1. 大学英语教学研究的学科定位

英语教学的实践一再证明，语言教育是一个由各要素组成的多层面立体结构，除语言这个要素外，还与教育学、心理学、社会学等直接相关，涉及教材、教师、学生、教学目标、组织管理等诸多内容，远非语言学所能涵盖或取代。基于“教育学—各学科的教学—英语教学”这样的路线图，英语教育应当归属于教育学，而不能简单地把英语教学划入应用语言学的范畴。把英语教学纳入教育学的范畴，出发点是教育实践，重点是语言在教学过程中所起的作用，正是这些重要特征使得教育语言学成为一门独立的学科。从教育语言学的理论视角研究大学英语教育教学，无论在理论上还是在实践中都更具合理性。

2.认知负荷理论

认知负荷理论是继建构主义理论后又一个对教学起着重要指导作用的心理学理论。根据认知负荷理论，认知图式组织并储存人类知识，极大地减轻了工作记忆的负荷。而新信息必须在工作记忆区进行处理，以便建构图式，通过反复成功地应用，图式就会自动化。在工作记忆区处理信息的轻松度是认知负荷理论最关注的问题。认知负荷理论认为教学的主要功能是使学生在长时记忆中存储信息。知识以图式的形式存储于长时记忆中。长时记忆中的图式是一种知识框架，在学习新的材料时，具有“中央执行官”功能。在学习新材料时，如果能从长时记忆中获取这类知识框架，材料就可以通过知识框架所提供的方法来进行学习；如果不能获得关于这些材料该如何组织的知识框架，则须采取随机学习的方式。

认知负荷是表示处理具体任务时加在学生认知系统上的负荷的多维结构。这个结构由反映任务与学生特征之间交互的原因维度以及反映心理负荷、心理努力和绩效等可测性概念的评估维度所组成。可能会影响工作记忆负荷的因素主要包括学习任务本身的内在本质（内隐认知负荷）、呈现任务的方式（外显认知负荷）、学生自愿用于图式建构和自动处理的认知资源量（关联认知负荷）。教学过程中，外显认知负荷给学生带来问题的程度主要取决于内隐负荷。如果内隐负荷强度大，就必须降低外显认知负荷；如果内隐负荷低，因不恰当的教学设计而造成的高度外显认知负荷就可能不造成伤害，因为总体认知负荷没有超出工作记忆的极限。如果内隐和外显认知负荷的总量还留有额外的处理信息容量余地，就有必要鼓励学生将适当的认知负荷投入学习中，特别是用于图式建构和自动操作。

3.学习理论

现代科学发展的特点之一是学科交叉影响，互相渗透。教育心理学是教育学和心理学的交叉学科，学习理论研究是教育心理学的核心内容，对大学英语教学与研究具有重要的指导作用。20 世纪以来，关于学习运行机制的研究，涵盖了行为主义、认知主义、建构主义、社会建构主义和联通主义等理论流派的发展演变。20 世纪经历了数次主流学习观的变迁：从行为主义学习理论的知识习得观，到建构主义的知识建构观，再到社会建构主义的参与观（或社会协商）。行为主义、认知主义和建构主义为英语教学整体研究提供了坚实的理论基础。

行为主义学习理论把学习看作“刺激—反应”过程。用这种学习观指导语言学习时，强调语言技能训练的重要性，认为语言学习就是以“刺激—反应”为原理而形成的机械性语言操练，是语言知识的灌输，其目的是使学生形成一种语言习惯。即使在计算机网络辅助英语教学很发达的今天，行为主义学习理论依然在一定的学习阶段，特别是在语言技能训练方面，发挥着积极的作用。

在新媒体时代的学习环境构建中，最容易把技术作为中心而忽略了学习的中心地位，以技术为中心的设计侧重技术能够做什么，技术是教学的工具，其目标是使用技术辅助教学。所以，多媒体学习认知理论强调以学生为中心的设计，关注大脑学习的机制，关注学习、记忆的效果，而仅把技术当作学习的助手，其目标是运用技术促进学习有效性。

4. 英语教育技术学

教育技术学是把应用新的技术、手段和方法来优化教学过程和教学资源作为研究对象的学科，是具有方法论性质的学科。在我国，教育技术学已经发展成为一门独立的学科。信息技术与课程整合研究的发展，使英语教学形成了新的教育信息化教学范式。按照罗伯特·库恩（Robert Kuhn）的范式学说，新范式的形成和转换意味着一门新学科的形成。作为一门独立的学科，英语教育技术学的建设刚刚起步，有一系列的理论问题需要我们不断地探讨，运用该学科理论研究成果，探索英语课程与教育技术整合的新模式、新方法、新环境，在实践中不断丰富和完善英语教育技术学科体系。

（三）语言学理论基础

1.中介语理论

中介语理论是在认知心理学的基础上发展起来的。石化现象是普遍存在于中介语习得过程中的一种心理机制，与语言形式的正确性没有关系，换言之，正确的和不正确的语言形式都会石化。石化现象的产生，既与特殊的社会文化环境有关，也与学生本身素质相关联；既与固定模式化的教育体制和不恰当的教学方法有关，又与学生的认知心理偏差相关联。学习过程中，内外因的共同作用导致了学生大脑中语言知识的固化。为此，我们要用科学理性的眼光和宽容的态度来看待学生的语言错误，辩证地看待和理解中介语和中介语石化现象，这将有助于我们进一步认识控制石化现象的潜在的内部机制，提高英语教学效率。有研究发现，汉语水平变量通过直接或间接路径对学生的英语写作能力产生影响，其中汉语写作能力、汉语词汇能力和汉语语篇能力对英语写作影响显著；英语水平在汉语能力变量向英语写作能力的迁移中起着制约作用。

2.计算机辅助语言教学

计算机辅助语言教学是探索并研究计算机应用于语言教学的科学。媒体技术在我国大学英语教学中的应用和研究源远流长。20 世纪 80 年代，大学英语教师会手提录音机到教室开展听力教学；从 20 世纪 90 年代初开始，大学语言实验室的普及大大促进了听力、口语、写作和翻译教学；20 世纪 90 年代末，网络语言实验室成为大学改善英语教学条件的主要标志；21 世纪初以来，全国大学英语课堂教学几乎全部使用多媒体课室，同时，各校纷纷建立网络英语自主学习中心，形成了多媒体课堂教学与网络自主学习相结合的大学英语教学新局面。

计算机辅助语言教学的发展表明，英语教学与教育技术应用之间的关系特别紧密，教育观念的更新与教育技术的发展之间呈现出相互作用、不断融合的态势。近年来，多媒体、多模态教学理论的探讨和应用，有力地推动了教育技术与英语整合的研究和探索，是英语教学研究的热点。

二、大学英语多模态课堂教学设计模型建构

（一）多模态研究相关概念

1.多模态

多模态指的是通过整合、编排或编织多种不同模式的符号资源而形成一个语篇。从人类感知通道的角度看，多模态就是同时使用两种或两种以上的模态。人类生活在多模态的世界里，通常都是运用多模态来感知和交流的。例如，学生在课堂上学习，一边听教师讲（教师的“言语”模式所对应的是学生的“听觉”模态），一边看教师的动作演示和在黑板上的板书（教师的“手势、姿势”和“书写”等模式所对应的是学生的“视觉”模态）。值得注意的是，有些模态按照感知模态的划分标准，只是一个单模态，却涉及两种或两种以上符号系统，也就是说，按照符号系统多少的划分标准，这些模态也是多模态的。

2.多模态话语

多模态话语是相对于单模态话语而言的。根据话语涉及的模态数量，只有一种模态的话语是“单模态话语”，如广播仅涉及听觉（言语）模态，一份文字通知仅涉及视觉（语言）模态。同时涉及两种或两种以上模态的话语就是“多模态话语”。根据社会符号学，多模态话语则指在一个交流成品或交流活动中不同符号模态的混合体，或者说，在一个特定的完整的话语中，不同的符号资源协同地构建意义，实现交际目的。张德禄通过整合模态的两个不同标准，把多模态话语定义为运用听觉、视觉、触觉等多种感觉，通过语言、图像、声音、动作等多种手段和符号资源进行交际的现象。

3.大学英语课堂话语的多模态属性

随着现代信息技术的日新月异和人类交际模式的日趋多样化，话语的多模态现象日益显著，这就是话语的多模态化。话语的多模态化反映

了媒体形式的多样性、人类活动的多维性、人脑结构的完备性和复杂性，以及人类认知的多模态性。作为现代话语的一个突出特点，话语的多模态化在课堂教学话语中表现更加突出。在基于计算机和课堂的多媒体教学模式中，大学英语课堂话语具有典型的多模态属性。这是现代信息技术与大学英语课堂教学整合的结果，也是大学英语教师更新教学观念的结果。

（二）MAP应用于大学英语多模态课堂教学设计应当遵循的原则

1. 以“3M”为教学条件，彰显媒体间性，促进教与学

在计算机与大学英语课程的整合中，“3M”（即多媒体、多模式、多模态）是教学媒体要素在新媒体时代的重要表现，充分彰显了媒体间性的作用。基于MAP（Multimodal Apple Pie，多模态苹果派）的大学英语课堂教学设计要充分发掘媒体间性的作用，在充分发挥教师主导作用的同时，真正体现学生的学习主体地位，最大限度地促进教和学。首先，教师要主动运用多媒体、多模式教学手段，丰富教学资源，创建数字化学习环境，改进课堂教学效果。其次，教师要充分发挥学生作为“数字原住民”的优势，引导学生有效利用良好的教学资源和数字化学习环境做好课前预习，并为学生课堂学习设计恰当的任务，让学生在各种学习活动中积极主动学习新知识、新技能。

2. 以PIE为整体原则，强化参与互动，追求有效教学

PIE代表有效性（Productive）、互动性（Interactive）和参与性（Engaging）这三个原则，在MAP模型里，被视为一个整体原则。根据多媒体、多模式、多模态课堂教学的特征，以主体间性、媒体间性和文本间性的思想为引领，通过交互式教学，强化学生参与度，追求课堂教学的有效性。多媒体、多模式、多模态课堂教学不等于有效教学，课堂教学娱乐化也是多媒体教学需要警惕的一种现象，缺乏互动性与效率的多媒体课堂教学在大学英语教学实践中也相当普遍。

3. 以 APPLE 为要素，加强教学设计，实施多模态教学

基于 MAP 的教学设计主要是利用多媒体、多模式、多模态教学优势，把 PIE 整体性原则贯穿于课堂教学组织的 APPLE（Activation、Presentation、Peer Learning、Learning Reinforcement、Evaluation，即启动、演示、同伴学习、学习强化、评价）设计中。APPLE 的教学设计以间性理论、社会建构主义学习理论、输出驱动假设、多媒体学习认知理论、情境认知理论等为指导，突出教学设计的整体性、教学主体的互动性、教学的多模态化和跨文化性。APPLE 代表五个教学环节或者教学组织形式，它们之间相互支撑，根据教学内容和对象，每节课的设计在五个方面可有所侧重，可以重新组合或者取舍。

4. 倡导社团实践，加强课外学习，创新学习文化

在基于计算机和课堂的多媒体教学模式中，网络自主学习与协作学习是大学英语课程教学的重要组成部分，倡导社团实践有助于加强课外学习效率，有助于创新协作型大学英语课程学习文化。社团实践的学习理念充分体现了主体间性、文化间性和媒体间性的思想和原理，为大学英语课外学习提供了丰富的学习理念和方法。

大学英语教学改革的关键是教师，必须充分调动教师的主体积极性和主观能动性。在教学过程中，与这些伴随着数字化发展而成长起来的学生相比，任课教师的信息素养还普遍较低，多模态教学改革对大学英语教师具有相当大的挑战性。这也是从主体间性视角给教学管理者的提醒。在数字素养发展不平衡的师生主体之间，教师必须率先改变观念，主动为创新教学模式“放下身段”，乐于与学生合作，和学生共同提高多元识读能力，充分利用多媒体教学条件，最大限度地调动和促进学生的多模态学习，使学生不仅通过听觉、视觉等模态加强信息输入，还作为交流主体，通过口头、书面、电子和身体动作等交流模式，强化反馈、互动等输出机制，实现有效的语言学习。

三、MAP 在大学英语课堂教学及其评价中的应用

(一) 基于 MAP 的大学英语课堂教案设计与评价

1. 基于 MAP 的大学英语教案设计

教学设计是课堂教学成功的基础。大学英语课堂教学设计应该遵循教育学、心理学和语言教学的规律，其任务是根据大学英语教学要求、标准及学生学习实际，合理把握教学观念、教学模式、教学技术、教学技巧等因素，对教学目标、教学内容、时间安排、教学方法、课堂组织、教学媒体、学习活动、学习评价等做出明确的规划与设计。为了使教学设计规范化，在基于 MAP 的大学英语课堂教学实践中，要求课题组成员在教学过程中，按照“MAP 课堂教学设计表”制作教案。“MAP 课堂教学设计表”不仅包含了常规教案的要件，如章节、课时、教学目的、教学重点难点、教学过程、教学评价等，还要求课题组教师在教案中明确 MAP 设计要点，并在教学过程完整设计中，根据每部分设计重点，酌情注释“MAP 要素”并进行必要的 MAP 设计分析。

实践证明，在教案中对 MAP 要素及设计思路进行备注，能使教师们更加有意识地聚焦 MAP 课堂教学设计原则和方法，不仅为课题研究积累了丰富的教学改革经验和资源，也促使课题组教师不断深入学习和研究。

2. 基于 MAP 的大学英语教案评价

MAP 中的“M”既可用来指 Medium（媒体）、Mode（模式）、Modal（模态）三个以 M 开头的单词，也可用来指 Multi-media（多媒体）、Multi-mode（多模式）、Multi-modal（多模态）三个课堂教学中不可缺少的“多”。“M”代表着多模态教学模式的基调，凸显了教学媒体在大学英语课堂教学中的作用，借助媒体间性的作用极大地改善了课堂话语的模式，优化了学生习得语言的模态，是基于计算机和课堂的大学英语教学模式评价中的重要观测点。

英语课堂教学中学生动用的主要模态是听觉、视觉两种，但这主要是针对语言输入的方式，而决定英语教学有效性的一个重要指标是参与

度，我们更应当关注学生的语言输出，特别是在目前我国大学英语教学中被普遍推崇的输出驱动教学中，学生要用口头、书面、电子、身体动作等话语模式进行语言输出活动。

评价大学英语课程教案的另一个重要观测点就是 PIE 教学原则在教学流程、教学活动中的落实情况。PIE 指大学英语课堂教学设计和评价的核心原则，即以互动性、参与性为代表的有效性原则。

（二）大学英语课堂教学评价

1. 大学英语课堂教学评价的意义和功能

课堂教学评价是提升高校教育质量的重要手段，而课堂教学评价标准的确定又是实施课堂教学评价的关键性环节。绝大多数高校没有制定适合英语教学的课堂评价标准，评价指标通常都集中在教师的“教”，而对学生的“学”关注不够。大学英语教师课堂教学评价应当根据大学英语教学要求、教学规律、教学原则及课堂教学目标，运用科学的评价技术、手段和方法，对教师课堂教学效果和课堂教学目标的实现程度做出价值上的判断。大学英语课堂教学的评价标准应突出大学英语课程特性，应当科学、有效地实施教师课堂教学评价，促进教师专业发展，提高大学英语教育教学质量。

传统的课堂教学评价通常以校方主导的教学督察为主，以学生学期对教师课堂教学的总体评价为辅，将评价结果作为教师评先评优、职称晋升等的重要参考。针对某一节课的教学评价，评价主体多为领导和同行教师，评价对象为教师及其课堂教学效果。在大学英语教育教学深化改革的背景下，大学英语教学部门越来越重视大学英语师资队伍建设，把日常课堂教学听课评课制度化，把讲课观摩比赛常规化，不断加强教师专业发展，改革教学模式，改进教学效果。

大学英语课堂教学评价具有评定、改进、激励等功能。在大学英语教育教学改革中，教学主管部门应当充分发挥听课、评课的功能，通过评定和激励功能，促进大学英语教学的优化。实践证明，科学、公平、合理的课堂教学评价，有助于调动教师参与教学改革的积极性。通过课堂教学评价，可以了解教师课堂教学的质量和水平、优点和缺点等；通过课堂教学评价所提供的反馈信息，教师能明确教学目标的实现程度，明确课堂教学活动中所采取的形式和方法是否有利于课堂教学目标的实现，从而增强教学设计的意识，不断提高教学质量。

2. 基于 MAP 的大学英语课堂教学评价

开展课堂教学有效性评价工作，必须从教学系统四要素及其相互关系出发，特别要从大学英语多模态课堂教学实际出发。与常规课堂相比，大学英语多模态课堂教学是 ICT（Information and Communications Technology，信息与通信技术）与大学英语课程的整合、融合，它遵循“教师主导、学生主体”的教学结构，采用“自主、探究、合作”为特征的教与学的方式，为学生构建一个新型的学习环境。所以，评价大学英语多模态课堂教学的效果，不能只停留在传统课堂教学评价的层次，必须充分考察教学媒体的重要作用，从信息技术与课堂教学整合的视角来看待。

根据 MAP 原则模型关于大学英语多模态课堂教学设计的原则和特点，对一节课的教学评价，应当站在主体间性的哲学高度，从教师、学生两大要素出发，将教学内容和教学媒体的评价分别融入教师、学生两大要素的评价之中。

新媒体时代背景下，教学媒体在教学系统四要素中的地位和作用毋庸置疑。但是，我们绝对不能陷入技术决定论的陷阱，因为媒体间性必须以主体间性为主导，表面上的技术主导事实上是以主体参与为前提的主导，是主体间性与媒体间性的融合所呈现出来的客观教学现象。因为真正能给教学带来变革的，不是技术，而是先进的教学理念和方法。因此，在基于计算机与课堂的大学英语课程教学环境下，教师一定要把握住以促进“教”与“学”为根本宗旨的听课评课原则，树立正确的听课评课观念，心中始终装着学生，关注教学的效果。

听课评课活动是教师行动研究的重要途径，其最终目的在于不断从听课评课活动中吸收营养，自我改进。听课评课后的创造性应用与实践，对于执教教师和观摩听课教师都具有重要的意义。教师是一个在实践中学习、反思、成长的专业群体，由外而内的意义建构对于教师的专业发展来说是一个必经的途径。经过听课后的认真思考以及评课的同行交流，教师可以在后来的教学实践中，结合自身的理解、风格、特点等，对于听课评课中的收获进行创造性的改造、应用，并进一步反思、再探索、再体验、再研究，以此循环，不断提高。通过听课评课活动，教师能够获得不同的思想交流、不同的观点碰撞、不同的经验分享和不同的设计借鉴，这些都是难得的学习资源和成长借鉴。

第三节 语料库语言学与大学英语教学的结合

一、语料库与语料库语言学

语料库就是对海量自然语言材料进行处理、存储、检索、索引以及统计分析的大型资料库。尽管早在18世纪人们就开始尝试建设语料库，但由于技术手段的限制，在很长一段时间内，它的发展缓慢而艰辛。随着计算机处理速度的飞速增长以及存储能力的提高，语料库建设和基于语料库的语言学研究在近二三十年里取得了飞速的发展，日益成为语言学界关注的焦点。特别是在方便、迅捷的计算机定位检索管理软件的有力支持下，语料库在容量增大的同时，功能也变得越来越强大。通过检索与分析存放在计算机里的大量真实语料，研究者可以获得构词、搭配、语境、修辞等多方面丰富的语言信息。

在教学方面，语料库以其宏大数据库为基础，为编写辞典、语法书及各种教材提供了海量而又鲜活的真实语言原料。近年来，语料库在教学中的应用日益广泛，涉及词汇大纲和教材编写、词汇教学、语法教学、语篇分析、错误分析、机辅语言学习、机器翻译、语言测试及学生自主学习能力培养等。

二、语料库语言学在英语教学中的意义

（一）语料库语言学在词汇教学中的运用

词汇教学是英语教学的基础。在传统课堂上，教师要花较多时间讲解单词的音、形、义，督促学生强化记忆。学生掌握的词语意义和用法往往过于单一、死板，运用起来捉襟见肘。有些学生甚至找汉语中的对

等词来记忆，不但浪费精力，而且易造成误解。现实语境中的词语不是孤立存在的，而是处于和其他词语的搭配中，并产生共有意义。“由词之结伴可知其词”，这在语料库语言学中被称为词语的“结伴关系”或“共现关系”。基于统计学上的定量分析，只要一词与另一词的共现频率达到一定标准，它们之间即可被认定是搭配关系。学生最终能否掌握英语，关键在于能否熟练运用典型搭配。现代语料库的应用可以使词汇教学不再局限于单词的孤立讲解。教师通过鲜活的语料呈现，可使学生感悟到词汇因搭配而产生的意义，从而大大改善教学效果。

语料库语言学在词汇教学中运用的基本方法：输入要讲授的词作为“节点词”进行搜索，提取该词在语料库中所有的搭配词。在每行索引中，节点词居中呈现，左右构成其语境的词语被称为跨距。统计中，教师要把偶尔共现的词排除掉，只有那些与节点词反复共现的词才被认定是典型搭配。事实证明，节点词的意义正是存在于与之结伴的别的词项之中，正是典型搭配赋予了它丰富的含义。教师通过对典型搭配分析，可以呈现节点词的含义和用法，加深学生对该词的印象。当前，将语料库引入词汇教学不但可以将教师从烦琐的词汇讲解中解脱出来，提高教学效率，而且便于学生由被动学习向研究性学习转变。

（二）语料库语言学在语法教学中的运用

在当代语料库语言学家辛克莱（J. Sinclar）看来，语法与词语是一种“相互渗透”的关系。词语具有意义潜势，同时，在搭配和用法上具有语法潜势。两种潜势都在语言交际中呈现出来，形成一种相对固定的词汇和语法机制。这种机制在语言使用中被称为“共选关系”，即一定的词语和意义总是以一定的语法形式表现出来；一定的语法结构也总要以最经常和最典型的词语来实现。因此，词汇教学和语法教学是密不可分的。语料库对词汇教学的作用也同样体现在语法教学中，并对传统语法教学理念形成挑战。传统语法教学秉承“规定性语法”教学模式，着重讲解句法结构。与此不同，基于语料库的现代语法教学更加侧重语法与词汇意义的“共选关系”，更倾向“描述性语法”的教学理念，用大量生动的自然语料来呈现词句搭配中的语法规则，更加注重语言运用的区分度和准确性，使学生接触到更多地道的英语，增强学生对语言交际的感知力。通过语料分析可以看出，在语言交际中，句式的选取往往不是为了验证或运用某个句式，而是对其进行词语填充；相反，人们总是为了准确表达某个意义而随机选取最合适的词汇和句法结构。意义永远是第一性的，形式是第二性的。

语言教学的目的就是让学生掌握真实的语言。有些语法学家依靠个人直觉，为说明和论证某种理论框架而杜撰和自造的句子没有太大的效度，在很大程度上很可能会将人为的结构强加于实际语言运作，会对真实语言运作产生曲解。为避免这种人为的杜撰和扭曲，现代语法教学多采用口头或文本中出现的真实语料作为语法讲解的依据，这就是辛克莱所说的“自然发生数据”。这种教学不受传统语言学理论中许多先入为主的观念束缚，借助大量自然发生证据，发现语言运作的许多内容和机制，对语言使用做出新的描述与解释。这种新的描述与解释不仅能够将学生从大量的句法结构记忆中解脱出来，也能使语法学习充满了乐趣。教师可以引导学生借助语料库自行分析总结句法规律，通过研究句式的演化趋势，预测未来语言的发展态势，这样一来，语法教学就不再是灌输式讲解，而是转变成探讨性研究了。

（三）语料库语言学对英语教学其他方面的意义

在修辞学和文体学的教学研究方面，语料库中的鲜活文本和自然口语数据可以提供大量的素材。如在具体语境当中，如果某些性质相似的词语和关键词反复出现在文本之中，那么关键词就具有了相关的语义特点，这就是通常所说的“语义韵”，包括“中性语义韵”“积极语义韵”和“消极语义韵”。所以，学生如果要判断文本的修辞，只需要搜索某一个关键词语，再抽调语料库中相对应的文本进行语义分析，如果是文学文本，就可以据此进一步推测文本中的社会环境、写作背景、思想动态等信息。因此语料库不仅对文学教学中的语段分析与阅读理解具有重要的意义，还能够充分调动学生参与课堂教学的积极性。

虽然语料库语言学以抽象的状态呈现，但其也具有很强的实用性——不仅体现在大学英语教学中，还能针对大学英语教学发挥出不同的作用。随着文化的发展，人们在日常生活中应用语言学的机会越来越多，这促进了英语学科的不断发展。

总之，科技手段与信息技术的大力发展使语料库语言学对大学英语教学产生了巨大的影响。语料库语言学既为语法、词汇、修辞、语言学等各学科教学带来了深刻的变革，也推动了英语教学理念与方法的进步，还使得课堂中的信息量更加丰富，在很大程度上提高了学生的自主创造性。

三、语料库在英语词汇教学中的应用

（一）语料库在大学英语词汇教学中的应用

1. 利用语料库进行词语搭配教学

搭配是在文本中实现一定的非成语意义并以一定的语法形式因循组合使用的一个词语序列，构成该序列的词语相互预期，以大于偶然的概率共现。词的意义不是孤立的，能从与它结伴同现的词中体现出来。词项的结伴规律、结伴词项间的相互期待与相互吸引、搭配成分的连接关系等都是词语搭配的形式属性，都是词语搭配研究的重要内容。

利用语料库进行词语搭配教学，学生可以直观地学习词语的典型搭配。例如，通过考察 absolutely 在 BNC（British National Corpus，英国国家语料库）中与形容词搭配的相关信息值，就可以发现与 absolutely 显著搭配的形容词分别为：表确定的词，如 sure、certain；表正确的词，如 right、correct；表美好的词，如 brilliant、wonderful、delighted、perfect、fine、gorgeous、fantastic；表必要的词，如 unnecessary、essential、crucial、vital 等。

教师可以用语料库客观地分析学生的用词搭配。通过研究学生在英语写作中 get 的使用，发现：在“get＋adj.”结构中，get 作为“系词”使用，据此，学生能用词具体准确、充分地表达句子的意义，如 get more beautiful、get familiar with、get addicted into、get hooked on 等；而对“get＋n.”结构，学生选择最多的搭配词是 information、news、date、mail 等，但也有少量搭配词不地道或者属于中式英语，如 get answer、get feelings、get the entertainment 等。可见，凡是表达“得到、获取”之义时，学生都视为“万能动词”，认为该动词适合各种语境，能行使各种功能。这说明学生词汇量有限，不能借助不同词表达同一概念或意义；同时，也反映出学生对 get 一词的内涵缺乏深入的了解。至于 get 的固定搭配，高频率出现的是 get and of、get into the cyber trap、get the best use of、get away from、get contact with、getting on 等。总的来说，学生对 get 一词的掌握不够深入和全面，表现为缺乏多样性和灵活性。

2. 利用语料库进行语义教学

语义韵是语料库语言学研究的重要课题，可分为积极、中性和消极三类。在消极语义韵里，关键词吸引的词项几乎都具有强烈或鲜明的消极语义特点，使整个语境弥漫一种浓厚的消极语义氛围。积极语义韵的情况正好相反——关键词吸引的几乎都是具有积极语义特点的词项，由此形成一种积极的语义氛围。在中性语义韵里，关键词既吸引一些消极含义的词项，又吸引一些积极含义或中性含义的词项，由此形成一种错综的语义氛围。

（二）语料库研究对英语词汇的教学作用

1. 通过词频的统计研究，量身打造不同阶段学生的必备词汇

词频统计研究最直接的应用就是编制词频表，以此来确定不同等级的高频词汇的范围与数量。英语初学者只能把有限的精力用来学习最常用的词汇，并非凭知觉和主观经验判断来确定的词汇，而是基于语料库的词频统计研究得出的高频词汇。由此，词频统计研究直接作用于词汇教学中，对“教什么样的词”的决策，是客观有效的。

除了最常用的词汇以外，还需要学习和掌握的词汇要取决于学生使用英语的目的。不同英语使用目的都有相应的专业词汇，只有学习和掌握了基本高频词汇与相应专业词汇，才有可能进行相应专业的学习研究与运用。

高频词表极具价值，一方面，能帮助确定词汇教学的内容，找出教学重点，安排教学次序，为教师与学生提供各种有效参考；另一方面，能满足不同学生的需求，获得学习英语词汇的最佳回报，从而增强英语词汇学习的信心和浓厚的学习兴趣。

2. 通过词语的搭配研究，准确使用英语词汇

词语搭配是语料库的词汇研究中最活跃的领域，处于语料库语言学的中心地位。搭配是词语经常一起使用的方式。“经常”（regularly）的含义是：词汇项目在文本里反复共现，同时出现，体现出一定的典型性，而不是一种可能性。通过词语搭配研究，可以获得限制词语同时使用的一些规则，如，哪些前置词与特定动词同时出现，哪些动词与有关名词同时出现等。

比如，通常用 do 与 damage、duty 以及 wrong 等搭配而不与 trouble、noise 和 excuse 搭配。因此说 do a lot of damage、do one’s duty，而 make 则与后者搭配构成 make trouble、make a lot of noise、make an excuse。显然，在人们实际使用语言的过程中，词项并非随意组合出现，词项的搭配是遵循一些约定俗成的规则的。词语搭配是一种意义方式，在词项的结伴和共现中，它们总是相互期待和预见的。

长期以来，人们都比较注重词语的搭配知识信息，因为这是词汇教学的一个重点，也是难点。但在实际的词汇教学中，往往是在呈现词语的音、形、义以后，介绍与目标词语相关的词组、短语，而很少涉及其他方面的搭配形式。这样一来，存在两个方面的问题。

第一，这些与目标词语有关的词组或短语大多是基于词典知识，或者从自己的已有经验中提取出来的搭配形式，它们在语法上是正确的，但是否在日常生活中得到广泛的使用不得而知。例如，大家知道 rain cats and dogs 是大雨倾盆之意，几乎在所有的英语词典里都列举了这一搭配，并且教师在教学中大多会提到它，但是在现代英语中，人们已经几乎不使用这个搭配了。在 1000 万词的口语语料库中，它一次也没有出现过，在 9000 万词的书面语料库中，只出现了一次。所以，学习此类过时的搭配已不具备实用意义，因而没有太大价值。再如，以名词 survey 为例，常用词典都列出 make a（general）survey of 的搭配，但通过对 200 万词的语料库的检索，发现这种搭配一次也没有出现，而常见的搭配是 carry out a survey，并且被动用法远远高于主动用法。

第二，搭配的概念范围太狭窄。词语的搭配就是“习惯性共现的词语”，它们不仅仅指 last week、another one 这样的词组，还包括诸如

although the 或 and the 这样的组合。因此，在词语搭配时，要充分考虑“习惯性共现”的各种可能的情况，不应局限于约定俗成的词组。

显然，解决以上两个问题的途径都在于以语料库为基础的词语搭配研究。教师利用现代计算机技术，可以迅速方便地从包含数百万甚至上千万词的语料库中，把某个词或短语出现的全部实例检索出来，并且统计出该词或短语出现的频率。这样，教师便能更准确全面地建立词汇之间的关系，认识各种语言形式在实际交际中的意义和用法，既能突破词组、短语的局限，获得比较全面的词语搭配信息，也能去除那些过时的无用搭配，学习现实生活中真正高频共现的词语搭配，减少词汇教学中呈现词语搭配的随意性与局限性，提高词汇学习的质量和效率。

3.通过提供词汇句法层面知识信息，正确运用句法

词汇教学的内容包括词汇形式、发音、拼写、词根、词源、使用词汇的语法规则、搭配、功能、意义等多个方面。显然，在如此丰富的内容里，除了基本的音、形、义之外，还有非常重要的关于词汇的句法方面的知识信息——“使用词汇的语法规则”和“功能”。因此，词汇教学的范围并非局限于“词”的框架，而应该拓展到“句”甚至是“篇”的范畴。

英语词汇教学中，在提供词汇句法层面，语料库有着独特的优势，其丰富的自然发生的语料能让教师和学生获得目标词汇最常用的词性、搭配以及组词成句的规则等方面的信息。通过对包含目标词汇的语句的统计和研究，可以获得其词频信息、义频信息以及最常用的词性信息，增强词汇教学与训练的针对性；通过观测词语搭配情况，可以获得自然语言发生时真实的常用搭配，以此来指导有关词语运用规则的制定，甚至对有关规则进行修正。例如，课本上讲授了 something that、nothing that 之类的正确搭配共现形式，而 something which、everything which 等被认为属于错误搭配用法。但通过运用语料库进行词语搭配研究，却发现 something which、everything which 的使用频率虽少于前者，但还是被人们经常使用，而且出现的次数并不少。因而，得到 something、everything、nothing 等复合不定代词在充当定语从句先行项词时的句法规则——可以与 that 搭配，也可以与 which 共现。

4.通过提供词汇的运用语境，呈现多样例句

在英语词汇教学研究中，大多数成果表现为对词汇教学的方法、技巧、策略方面的研究与探讨，而对于另外一个重要环节——“呈现”的关注并不多。词汇教学离开“呈现”这一环节，如何让学生一接触词汇就留下深刻的印象，是一个重要的研究课题。在关于英语词汇教学呈现方式与效果的实证研究中，发现举例环节在词汇教学呈现过程中会对词汇教学与学习效果产生重大影响。所以，举例是英语词汇教学呈现中一个重要讲授内容。

传统词汇教学的呈现操作模式中，教师举出的例句往往随口说出，信手拈来，至于例句的内容，只要包含了目标词汇，往往不做过多考虑。这样所举例句往往是语法上完全正确，在实际生活中可能很少使用的非真实语句。这种举例只是说明了目标词汇的使用规则，把相关词汇放入一个语法上无可挑剔的句子中，来解释词语的应用规则；但它的随意性与非真实性直接影响了词汇教学呈现环节的质量，削弱了呈现效果。为避免这一弊端，必须利用语料库所提供的海量的自然发生的语料来进行例句练习。

教师在词汇教学的呈现时，参考并选取语料库中相关的真实语句作为例句，既可以使举例之于呈现环节更加有效，也可以得到目标词汇的各方面信息——高频搭配词项、高频运用义项以及常见运用词性等。此外，由于语料库所收集语料的丰富性、真实性和新颖性，学生不仅在首次接触例句时就留下比较深刻的印象，实现对目标词汇较深刻的理解，从而获得更牢固的储存效果，还能摆脱枯燥的词汇学习状态，以浓厚的学习兴趣，持久地学习词汇。

5.应用语料库关键词检索丰富词汇教学手段

关键词检索是语料库最基本、最有优势的功能。通过对关键词进行全文检索，可以将关键词及其在语料文本中的所有语境实例一同显示。点击某一实例可弹出另一窗口，显示该例句所在的更大语境乃至全文。此功能可以提供有关词汇用法和意义的真实信息，并以此检验词典或教

科书中提供的解释和说明。通过关键词检索，学生可以体验词汇或词组在不同语境中的确切用法，以增加感性认识；丰富的用法和语境，使学生能够比较和掌握同义词之间细微的语义、语用差异，极大方便了学生求证疑难用法和搭配。

语料库的关键词检索功能也为教师提供了便利，平时靠教师语言直觉无法确定的问题可迎刃而解，编制词汇例句和即时课堂词汇练习变得轻松快捷。另外，由于许多语料库具备更新能力，与词典相比，语料库提供的例句往往更充满时代感，更贴近生活，更有生命力，更容易激发学生的学习兴趣。

（三）语料库在词汇教学中的展望

根据对近年来英语语料库及语料库语言学研究动态的观察和了解，基于语料库的词汇教学这一领域未来的发展趋势可以概括为四个方面：第一，在词汇教学或者英语教学方面语料库的应用是大势所趋，语料库方法将逐渐受到重视和广泛应用，也会被越来越多的师生所接受；第二，语料库的应用将从传统领域，如编写词汇大纲和教材等，扩展到新兴应用领域，如课堂词汇教学、词语搭配学习、词汇测试设计、词汇学习活动设计和计算机辅助语言学习等，促进词汇教学方法的变革；第三，不同的语言研究方法，如基于语料库的方法、内省法和诱导法等，会相互借鉴、融合，语料库方法的局限性会逐步得到弥补；第四，随着语料库和语料库语言学研究的深入，许多语料库分析及应用软件陆续被开发出来了。然而，开发的语料库分析软件很多，但应用软件较少，而且现有的一些软件需要改进和完善。另外，软件开发未打破门户之分，软件只是少数研究人员的“掌中宝”，没有得到推广应用。可以预见，语料库应用软件的开发和推广有着巨大的潜力和广阔的前景。

四、语料库在英语口语教学中的应用

（一）英语口语语料库的现状

口头交际与笔头交际是人类交际的两种主要渠道。就口语而言，服务行业的对话与口述早就为语言学家所注意，前者如商店、银行、旅馆、饭店里顾客与服务人员的对话等，后者如讲故事、讲笑话等。不同的口语语体有各自的语言风格。近年来，人们对口语语体研究的范围不断扩大，如对法庭对话的研究以及求职面试的探讨，还有些语言学家对商务会谈、电视访谈、网上聊天等也表现出浓厚的兴趣。现代口语语料库的出现对口语语体的纵深研究起着促进的作用，更重要的是给英语教学带来了全新教学理念。

把录音的内容转写后就可以建立一个口语语料库，然后再通过索引软件提取自己所需要的内容，这已经被广泛运用于语言研究和词典编纂中。有专门的口语语料库，而有些口语语料是综合语料库中的一部分，前者为纯口语语料库，后者为非纯口语语料库。

（二）语料库用于英语口语教学的可行性及优势

根据 COLSEC（中国学习者英语口语语料库）语料调查表明，学生的英语口语能力由四个部分构成，分别是基本的语音能力、词汇语法能力、话语能力、语用能力。语料库在发展的初期，只进行词的一般分析（如词频统计）等，随着语料库语言学的发展，语料库已经不只进行一般的词频统计，还增加了词的语法属性标注（如词性等），现在更是愈加重视对语料库做不同层次的标注，如语音、构词、句法、语义以及语用等层次的标注，重视语音特征研究、话语结构研究、语用策略研究等。现在人们普遍认为语料库的发展对英语教学几乎所有分支领域都具有启发和引导作用。在语料库的帮助下，教师很容易找到大量生动而自然的口语表达例句提供给学生，帮助他们掌握、积累更多的表达方式，理解和掌握句子在口语中的实际用法，进而帮助他们克服畏难情绪，激发他们说英语的积极性和表现欲，提高口语表达能力。同时，通过指导学生就特定话题查阅和检索语言资料，帮助学生逐步养成探究型的学习方式，培养他们自主学习的能力，真正体现以学生为中心的教学理念，使学生终身受益。

(三) 语料库在大学英语口语教学中的应用

1. 口语语料库对大学英语口语教学的促进作用

口语在语言交际中起着非常重要的作用，然而我国大学生的口语现状却不容乐观。大多数学生认为，尽管在英语学习上花了不少时间，但他们仍然难以掌握英语口语能力。目前的大学英语口语教学仍然采用传统的教学方式，即学生机械性记忆，多说多练。在具体的教学实践中，教师对学生所表达的内容很少进行系统的归纳和总结。口语语料库的出现为英语口语教学和研究提供了崭新的平台。利用语料库对比方法，从本族语者和学生的语言输出中提取对教学有用的信息，能够改进英语教学。从促进英语口语教学的角度，英语口语语料库的作用主要表现在以下几个方面。

第一，帮助学生扩展语言输入的范围，提高学生英语口语水平。从英语教学的角度来看，语言输出必须建立在大量的语言输入的基础上，输入语言的量成为提高英语口语水平的重要指标。语料库使学生有机会接触各种语体，扩大了他们的视野，增强了其语言输入的内容和范围。

第二，通过运用语料库语言学的方法，提高英语口语教学效果。通过建立学生口语语料库，将其与以英语为本族语的口语语料库进行对比，教师能对学生口语表达能力有较为全面和客观的了解，并从中发现学生英语口语表达中存在的共同错误和典型问题，以确定教学中的难点与重点，使口语教学更有针对性，从而大大提高口语教学效果。此外，口语语料库还能够为编写英语口语教材和制定英语口语教学大纲提供准确和客观的数据。

第三，倡导数据驱动学习，培养学生语言自主学习能力。口语语料库能为学生的探究性学习活动提供素材，在英语课堂教学中引入语料库可以促进数据驱动学习，帮助学生培养英语自主学习能力，达到由“学会”向“会学”的转变。通过语料库，学生可以在语境中分析、归纳某个语言现象的意义及语言规律，同时，通过对目标语各种语境的语言进行分析归纳，发现规律，建构自己的知识体系，逐步培养自主学习能力。

2. 英语口语语料库语言是教科书的有效补充

第一，弥补了教科书内容单一的缺陷。从英语教学的角度来看，语言产出建立在大量的语言输入的基础上，输入语言的量是提高英语口语水平的重要指标。口语语料库极大地扩展了语言输入的范围，通过语料库，除了课本以外，学生可以有机会接触各种语体。

第二，为英语教师提供最真实可靠的语言信息。口语语料库无疑为口语教学提供一个可靠的语料来源。英语教师可根据自己的教学目标选择相关语料，同时，通过 Wordsmith 等索引器提取自己需要的语言项目（如固定搭配、介词用法等）。

第三，使英语教学内容不是建立在语感上，而是建立在真实材料的基础上，使所学内容更贴近生活实际。口语语料库的使用使学生学到的语言更加接近生活实际，避免了课本语言与实际交际语言相脱离，学以致用，增强了学生的学习动机和学习兴趣，克服“学非所用”带来的沮丧及其他负面影响。

第四，有助于开展任务型学习活动和实施材料驱动语言学习。口语语料库为探究性学习活动提供素材，通过语料库，学生可以在语境中分析、归纳某个词的意义以及搭配规律。在英语学习中，语言学习者认为语言成分的搭配是比较自由的，其实这种自由度在地道的本族语表达中是非常有限的。人们越来越意识到固定搭配在英语教学中的重要性。在学生的英语表达中，不难发现这类例子：词汇和语法没有问题，但不符合地道英语表达方式。因此，要说地道的英语就必须注意英语的固定或习惯表达形式。口语语料库无疑提供了一个地道的语境和素材，学生通过对目标语各种不同语境的语言进行分析归纳，发现规律，强化在做中学，建构自己的知识体系，提高探究性学习的能力。

第五，教师和学生可以合作建立英语口语学生语料库。通过建立英语学生口语语料库，师生对语料库进行比较分析，找出英语学生口语失误规律，课堂教学活动才能做到对症下药、因材施教。此外，教师和教材的编者可以根据学生语料库分析提供的信息来设计教学内容和材料。

必须意识到，在指定教材长期统治下，师生对教材的定式思维自然会对口语语料库的使用产生一定的抵制，因为语料库中的语言材料毕竟不像指定教材那样“整洁”，而是“破碎”的。因此，师生的观念需要改变，只有师生能充分发挥“双主体”的作用，才能全面提高课堂教学质量。

3. 口语语料库在课堂教学中的运用

在英语学习环境中，口语语料库是教科书的有效补充，因此在呈现教科书课文的基础上，有必要让学生了解真正英语本族语人在相似的环境中是如何交流的。比较法更能加深学生对教科书课文和语料库的认识和理解。

语料库可以为学生提供丰富和直观的语言素材，便于激发学生言说的欲望，使其有话想说、有话可说，从而达到使学生积极发言的目的。更为重要的是，语料库提供了一种学习的方法，学生可以就某个自己关心的话题进行自主查阅资料、积累语料，从而提高自主学习的能力和主动性。

(四) 对大学英语口语教学的启示

在今后的英语教学中，应从以下几个方面来帮助学生减少口语表达错误，提高口语教学效果。

第一，话语连接词用来表达句子之间的逻辑关系，有助于加强语言的连贯性。教师在教学过程中不能只重视对语言形式和语法词汇的分析，还应加强对内容和语篇结构的分析，引领学生了解英文语篇的发展脉络。把重点放在对整篇内容的理解上，分析作者是如何阐明主题的，分析段落间、句子间的连接、转承方式，从而使学生进一步领会英语表达的技巧，以增强学生语言表达的条理性和合理性，以及口语语篇能力。

第二，口语小品词作为话语标记语的一个分支，是日常交流中使用最为频繁的标记语之一，有着不可替代的篇章和交际功能。因此，在教学过程中教师要注意小品词功能的讲解，引导学生注意小品词的使用规律及功能，确保学生在口语交际中能够灵活多样地运用小品词。例如，针对学生口语中“I think”的过度使用，教师应引导学生运用与其意思相近的短语如 as for me 等可替代语；此外，“I think”在句中的搭配可以起到衔接和连贯的作用，比如，在此结构前加 but 表示前后两个句子的转折关系或内容添加，在此结构前加 so 表示对前面内容的概括，引出下文。

第三，引入词块教学，培养学生的词块意识，提高学生的词汇搭配能力，从而使他们“产出”自然地道的英语。词块是具有一定结构、表达一定意义、容许不同抽象度、频繁使用的、预制的多词单位。如果学生记忆库中储存了大量的词块，在语言表达时，就能保证表达的流利性、准确性和地道性。因此，在大学英语教学中，教师首先要有意识地提高学生对词块的敏感度，鼓励学生在课文学习中发现词块，并学会灵活运用。其次，教师可以利用索引工具，运用语料库中的真实材料，向学生展示词语的典型搭配，让学生有机会接触符合英语习惯的结构和搭配，吸收和使用符合本族语习惯的词块，减少母语干扰。最后，在大量词块输入的基础上，教师应开展更多的语言交际活动，为学生提供更多的语言输出的机会，使语言输入与输出相辅相成，提高语言输出的质量。

第四，针对学生口语表达书面语化的现象，教师在口语课堂中使用的话语应尽可能口语化。此外，教师可以在教学或教材编写中让学生接触到真实的、多样的、与学生水平相当的口语语料，为学生提供更多的口语练习机会，指导他们在口语表达中增强区分口语和书面语的意识。

第五，教师应在教学中对交际策略做系统的介绍，培养和增强学生正确使用交际策略的意识。教师应运用体现交际策略的“真实”听力和口语材料，为学生提供适当使用口语交际策略的输入和范例，创设轻松和谐的语言环境，引导他们敢说、多说；加强交际策略的训练，尤其是以第二语言为基础的成就策略（英语转述策略、近似策略）、停顿填补策略和副语言策略等，帮助学生提高口语的流利性和准确性，以促进语言的习得。

教师通过对学生的自然语料进行观察和分析，能发现学生口语表达的特点和语用失误规律，从而对学生口语学习过程中存在的错误和问题有比较系统和准确的了解。只有这样，口语课堂教学活动才能做到对症下药，学生才能掌握规范、地道的英语，才能有效提高英语口语表达能力。

五、语料库在英语写作教学中的应用

（一）语料库在英语写作教学中的优势

1. 语料库可以提供大量真实的语言素材

英语教学的重要目标是培养学生的语言运用能力，教会学生使用“活”的语言，以便更好地交际。“真实性”也是语言教学中交际活动的最基本概念之一。交际法强调让学生通过使用目的语来参与相应的活动以增强其自信心，因为只有在实际中运用语言才能达到让学生接触目的语文化，并对其产生浓厚的兴趣的目的。在第二语言教学中采用真实语言的理由包括两个方面：第一，为了交际目的而在实际中运用的语言比起为阐述目的语特点而编制的语言更有趣，学生学习的动力更大。第二，围绕内容展开的实际语言运用使学生更易习得语言。这是因为实际运用中的语言能为学生提供较为丰富的“语言大餐”，同时又可鼓励学生透过语言表层结构挖掘其中的内涵。另外，如果实际运用的语言提供的量达到一定程度的话，可以为学生复制一个第一语言学习者从出生时就浸在其中的“语言浴”。在语料库出现以前，语言描述更多地基于本族语者的直觉和内省。对那些相信语言学习和语言学的理论描述应该建立在真实数据基础上而不是在主观臆造基础上的语言学家来说，语料库是非常有用的资源。基于语料库的方法最大的优点在于它能够提供大量的语言数据以及一些语境方面的信息，有利于对语言进行量和质的分析。因此，语料库与本族语者的直觉相比更具可靠性。

2. 以真实语言作为输入材料更有利于语言产出

语言是文章的建筑材料，缺乏这些建筑材料，就很难写出好文章。

写作属于语言输出，把语料库与英语写作教学相结合就是为了使学生通过接触大量真实的语言材料，激发学习的积极性，理解输入的内涵，使输入成为可理解性输入并被学生掌握。同时，这种教学方法也使学生通过运用新的语言知识，不断改正和调节他们原有的语言假设，从而使其语言水平得到提高。

英语教师应充分重视语料库中大量丰富自然的目标语语料及其有关知识的输入，并引导学生根据语言的真实情况加以使用。这样做能够使学生清楚地了解目的语中某个词在各种不同语境下的具体用法和不同体裁的文体特征，扩展其第二语言的词汇量、语法知识等，有助于其写作能力的提高。

只有当学生有机会进行“可理解性输出”时，有意义的语言习得才得以实现。输出在二语习得过程中所起的作用包括：①语言输出为学生进行有意义的练习提供了机会，目的是使语言在语言资源许可的范围内实现自主化，这是与语言的流利性相关的问题，而不是准确性的问题；②语言输出促使学生了解他们以往不知道或仅了解其中一小部分内容的事物；③输出为验证假设提供了机会，这样学生会为了弄清某一假设是否奏效而尝试使用各种表达手段。语言习得是通过发挥语言功能性和交际性作用的输出而实现的。换言之，二语教学需要为学生提供合适的机会让他们运用新的语言形式进行交流，同时也要创造一种情境使他们觉得想进行交流的愿望是有意义的，他们的话是可以被接受和理解的。学生需要有这样的机会来说出或写出新的语言形式，以便改正和调节他们原有的语言假设。

（二）基于语料库的英语写作教学

1. 准备

在准备阶段，要求教师了解并能熟练使用语料库，在此基础上，还应让学生对语料库的界面和基本构成有所了解。这有利于学生在教师对之进行讲解的同时即刻进行实际操作，有利于学生提前学会其基本使用方法。

2. 实施

在有了前面的准备之后，即可进入实施阶段。实施可分为两个环节进行。在前期课堂教学环节，教师应在课堂上对所用语料库做简要介绍，同时引导学生学习并探讨语料库在写作练习中的功能。具体实施时，教师可以设计一些练习先让学生以分组的方式来完成，然后再独立完成，以此培养学生独立使用语料库的能力。最为重要的是，教师要在课上给学生布置一定的写作任务，如利用语料库来查找特定词语的表达方式等，从而使学生学会运用语料库中的资料来分析自己在作文中出现的错误的方法，同时培养学生的语言意识。

教师在搭配、语体和体裁等方面给学生设计出练习题，让学生在语料库中找出与之相同或相近的资料进行学习。这样，学生一方面可以学到常用词的搭配方式，另一方面也能逐步地熟悉语料库的使用方法，能把词汇的学习放在句子之中甚至是放在语篇之中来进行，为他们以后的自主学习打下基础。

在后期的教学中，对语料库的使用不应仅限于词汇层面，语篇层面也应加以重视。由于汉英语篇存在差异，汉语为意合型，即以意义关系达到语篇的连贯，而英语为形合型，即以外显的连接进行衔接，所以衔接就是需要予以关注的一个方面，这也是学生写作的薄弱环节。为此，教师在英语写作教学中应适当讲解英汉语言间的差异，尤其是向学生介绍体现在写作方面的语言的差异。让学生了解这种差异可以增强学生对语言的敏感度，有利于学生更好地学习英语。同时，语篇结构也是值得关注的，教师应在教学指导中指出这一方面，同时设计出相应的练习，以让学生利用语料库对语篇差异有所了解。

学生在校期间能接触到的语体的类型有限，所以其语言知识的输入不足，从事写作时写出的内容较为空洞。利用语料库，学生可通过观察和数据统计相结合的方式了解不同体裁写作的特点和用词特征等。关注体裁的教法可以被用来指导学生对体裁的学习。通过对多种体裁的分析和研究，学生不仅可以掌握各类体裁的特征，还可通过对不同体裁的对比，以及对语步（move）策略和语言特征的分析，了解各种体裁的独立特征和共有特征，从而将之运用于自己的写作实践之中。

3.评估

在此阶段，教师应组织学生对其所学语料库知识和在使用语料库过程中遇到的问题及其解决办法进行探讨，从中挖掘语料库的更多的使用价值，以为日后的学习打下基础。在这个过程中，教师应组织学生对自己和他人写作任务完成的情况进行评估。

4. 自建小型写作语料库

在使用语料库进行教学的同时，教师还应鼓励学生尝试创建自己的小型写作语料库，利用该语料库，引导学生分析自己在写作时容易犯的错误。教师还应鼓励学生不断地扩充自建的语料库，收录易犯错误的例证或优美语句，以备学习和参考。学生自建语料库时可以利用现有的软件，如 Word Pilot 语言教学和学习工具软件，而不是机械地逐词逐句地输入。

语料库在英语教学的各个方面都已经得到了广泛的应用，以真实可靠、自然发生的语料为基础的语料库对语言学的各个研究领域都有着非常明显的实用价值。可以肯定，语料库对英语写作教学有着重大的意义：作为重要的教学工具，可以帮助学生在写作中提高语言的准确性，增强文章结构的连贯性，丰富文章的内容。当然，语料库在写作教学中的应用远不止如此，其教学效果还有待进一步做大规模的实证性研究。

第三章 任务型教学模式下的大学英语教学创新

第一节 任务型教学的基础理论

一、任务型教学的理论支撑

(一) 学习论基础

任务型语言教学强调学习任务的意义性、真实性，强调交际任务的设计和选择要与学生的实际生活相关，以此来激发学生的学习兴趣和动机，促进学生自主学习。借助任务可为学生提供与教师、同伴、学习客体（语言）交流互动、意义协商的机会和条件，在完成任务的过程中建构起对于学习客体（语言结构、词汇、表达方式等）的认识，并在运用中学会使用语言。“任务”成为主体（教师、学生）与客体（语言）相互作用的中介。

1. 皮亚杰的认知发展理论：语言学习是学生的积极建构

瑞士心理学家皮亚杰（Piaget）的学习理论是建立在对儿童认知发展研究的基础上的。该理论丰富了我们对语言教与学的认识：首先，语言学习应该成为学生积极建构语言输入和任务的个人意义的过程。作为学生，应以积极的态度应对语言输入，并使其潜在意义在自己原有认知结构中找到合适的同化点。而对于教师来说，创造条件、帮助和促进这一建构过程是其最基本的任务，即教师要成为学习过程的促进者。其次，思维发展与语言和经验关系密切，主要依赖记忆的语言学习不可能产生深刻的思维。再次，学习任务的选择设计要切合学生的认知水平。

最后，对于学生所犯的语言错误，教师应该多观察，帮助分析造成错误的原因，而并非如行为主义所言见错就纠，这样才能促进学生已有的语言图式的修改重组、新图式的建立、达到新的平衡。

皮亚杰的学习理论在任务型教学中得到了体现。任务型教学认为，第二语言的学习过程就是学生建构起对目的语系统的假设，并在不断地接触和运用中验证假设、修正假设，使自身关于目的语系统的认识不断完善的过程。任务型教学的设计以促进学生积极进行认知参与为前提。以任务为核心单位计划、组织语言教学的目的就在于为学生提供认识、体验、实践目的语的机会、环境和条件。学生为了完成任务积极思考，在用目的语交流互动、意义协商中，感受目的语的使用，领悟语言的规则，建构并不断完善关于目的语系统的认识。所谓验证假设、修正假设，实质上就是同化、顺化、打破平衡、达到新的平衡的过程，进而使有关目的语系统的图式更加系统化、复杂化，语言学习也因此向更高水平发展。

2.布鲁纳的发现学习论：让学生在语言运用的过程中发现规则

布鲁纳（Bruner）是皮亚杰思想的重要推行者，不同的是他力图将认知发展的理论与课堂教学联系起来。布鲁纳扩展了皮亚杰的认知发展理论，提出了儿童的三种不同思维形式，即行动的、图形的和符号的。它们代表了儿童理解和表达经验的基本方式。这三种思维表征是依次发展的，但逐渐变得交叉并存而不是相互取代。如果教师以此来设计教学，就能达到促进学生智慧或认知生长的目的。布鲁纳认为，教育的目的在于发展学生的理解力和认知的技能与策略，而不是获得关于事实的现成信息，强调教学的最重要任务是配合学生身心发展，教学生如何思维、如何学会学习、如何从求知活动中发现规则，从而整理统合，组织成属于自己的知识经验。他所倡导的“发现法”，并不限于发现人类尚未知晓的事物的行动，而是包括用自己的头脑亲自获得知识的一切形式。因此，从本质上说，“发现法”强调的是认知主体的积极参与，其特征可概括如下。

（1）强调学习过程

布鲁纳认为，在教学过程中，学生的角色是积极的探究者。教师的作用是要形成一种学生能够独立探究的情境，而不是提供现成的知识。教师教一门学科，不是要把学生变为一个活动着的小型藏书室，而是要让学生自己去思考，参与知识获得的过程。认识是一个过程，而不是一种产品。在布鲁纳看来，学习的主要目的不是要记住教师和教科书上所讲的内容，而是要参与建立该学科的知识体系的过程。所以，他强调学生不是被动的、消极的知识接受者，而是主动的、积极的知识探究者。

（2）强调直觉思维

布鲁纳认为，直觉思维与分析思维不同，它不是根据仔细规定好了的步骤，而是采取跃进、越级和走捷径的方式来进行的。直觉思维对科学发现活动极为重要。直觉思维的本质是影像或图像性的。因此，教师要在学生的探究过程中帮助学生形成丰富的想象。

（3）强调内在动机

在布鲁纳看来，一般教学条件下学生的学习动机往往来自外部，如为取得好成绩、与同学竞争、为获得奖励或避免惩罚等。布鲁纳认为，形成学生的内部动机，较之把外部动机转化为内部动机更为重要。与其让学生把同学之间的竞争作为主要动机，还不如让学生向自己的能力提出挑战。所以，他提出要形成学生的能力动机，就是使学生有一种求得才能的驱动力。

（4）强调信息的提取

若加以比较就会发现，任务型教学在相当程度上体现了发现学习的特征。首先，任务型教学强调语言学习过程，坚信有效的语言学习不是传授性的（instructional），而是经历性的（experiential）。学习活动和语言内容一样重要。在某些情况下，学习过程是第一性的，而学习内容是第二性的。任务型学习就是要让学生体验学习的过程。其次，任务型教学不主张直接呈现或讲解语言形式、语法规则，而是提供任务，任务中包含的问题需要借助语言来解决。完成任务的过程即学生积极地认知参与，在语言使用中感悟其规则系统，发现、归纳、掌握、内化规则的过程。因此，任务中相当一部分语言知识的加工是隐性的。再次，挑战性是任务设计的基本要求之一，以此来吸引学生的兴趣和注意力。通过完成任务（尤其是较大任务，例如主任务、扩展性任务和课题任务等）体现能力、感受成功，学生容易形成内在学习动机。最后，就语言学习而言，信息的提取主要表现为语言的运用。任务型教学的主要目的就是要借助任务，创造运用语言的机会和环境，让学生在交际中学会交际，学会活生生的语言，从根本上避免机械学习，死记硬背。

3.奥苏贝尔的意义学习论：死记硬背获得的语言知识难以提取

上述讨论的许多方面用意义学习理论解释也是准确的。所谓意义学习，是相对于机械学习、死记硬背而言的。在奥苏贝尔（Ausubel）看来，机械学习是无效的，因为未能与学生原有认知结构建立起联系，得到的不过是一些孤立的、凌乱的信息，难以提取，更谈不上会用，这样的学习显然是没有意义的。意义学习的实质就是要使新信息与学生原有认知结构建立起内在的联系，使之内化为其认知结构的有机组成部分，真正成为学生自己的东西。英语学习的特殊性容易导致机械学习，有些教学方法（如听说法）甚至把机械的句型操练视为建立起语言习惯的法宝。因此，如何避免机械学习，促进意义学习的产生是英语教学特别需要关注、解决的。奥苏贝尔认为，教师要设法引起学生兴趣，努力使新论题、新概念与学生已有知识背景建立联系；与此同时，教师还应尽可能避免过多的语法解释，过多的抽象原理、理论，过多的操练，无明确目的的活动，无益于实现教学或课程目标的活动。显然，上述导致机械学习的因素在任务型教学中是无立足之地的。

（二）教学论基础：活动教学

若从教学论的角度进行分析，任务型教学实践着活动教学的理念。任务，是任务型教学的核心概念。之所以称之为任务型教学，是因为从教学内容的选择到课堂教学的组织、实施、评价都是围绕任务进行的。这里说的任务，本质而言，就是用目的语做事。任务型教学的交互性、真实性、过程性、学用结合、学生的个人体验与主动参与等特征都是通过让学生完成交际任务，即通过开展有目的的交际活动体现出来的。可见，活动是实施任务型教学的主渠道，活动贯穿任务型教学的始终。

1. 活动教学

什么是活动教学呢？活动教学思想有着悠久的历史。从历史上看，活动教学思想经历了一个长期演变、发展的过程，它是在不断批判以灌输、记诵、被动接受为特征的旧教育体系的过程中逐步确立起来的。卢梭（Rousseau）、裴斯泰洛齐（Pestalozzi）、杜威（Dewey）是活动教学思想的发展者和积极实践者。教育教学研究对活动教学进行了现代诠释，认为活动教学涵盖的“活动”是一个具有特定内涵的概念，主要指学校教育教学过程中学生自主参与的，以学生学习兴趣和内在需要为基础，以主动探索、变革、改造活动对象为特征，以实现学生主体能力综合发展为目标的实践活动。这一界定表明，传统教学中，学生在被告诉、被教导、被演示的情况下被动参与的活动，以及观念活动与实践活动相脱离的活动不是活动教学意义上的活动。

再来看看什么是活动教学。所谓活动教学，主要指以在教学过程中建构具有教育性、创造性、实践性、操作性的学生主体活动为主要形式，以鼓励学生主动参与、主动探索、主动思考、主动实践为基本特征，以实现学生多方面能力综合发展为核心，以促进学生素质的全面提高为目的的一种新型教学观和教学形式。可以看出，活动教学具有两种存在形态——它既是一种教学观，又是一种教学形式。作为一种教学观，活动教学视教学过程为一种特殊的活动过程，强调活动在学生认知、情感和个性行为发展中的重要作用，提出教学认识的关键就在于建构学生的主体性认识活动，以及通过活动促进学生的主动发展。这一教学观具有普遍适用性，可用于指导一切形式的教学活动。作为一种教学形式，活动教学的基本主张及其规范要求可概括如下：

第一，活动教学是坚持“以活动促发展”为基本指导思想的教学。活动教学对现代教学理论和实践的突出贡献之一就是将“活动”的概念引入教学领域，并将“活动”与“发展”紧密联系起来。“以活动促发展”意味着“活动”与“发展”是教学的一对范畴，“活动”是实现“发展”的必由之路。学生的认知、情感、行为的发展是通过主体与客体相互作用的过程实现的，而主客体相互作用的中介正是学生参与的各种活动。教育教学作为一个特殊的活动过程，其直接任务是要为学生创造活动，提供适宜的活动目标和活动对象，以及为达到目标所需的活动方法和条件，让学生作为主体去活动，在活动中完成学习对象与自我的双向建构，实现自我发展。

第二，活动教学是倡导以主动学习为基本习得方式的教学。活动教学认为，学生的学习过程是学习主体对学习客体（包括现实客体和知识客体）主动探索、不断变革，从而不断发现客体新质，不断改进已有认识和经验的过程，而不是如传统教学所认为的学生通过静听、静观接受现成知识结论的过程。因此，在教学实践中，活动教学倡导以主动学习为基本习得方式。主动学习是一类学习方式的总称，它包括探究发现学习、问题解决学习、技能操作学习、交往学习、合作学习、体验学习等多种学习方式，也包括有意义的接受学习。因为有意义的接受学习与被动接受学习有本质的不同，它要求学生积极主动地把新知识纳入原有知识结构，并不断改组重建已有的认知结构，实现知识的同化。知识的同化过程也包括了问题解决和创造。主动学习的共同特征有：以学生的兴趣和内在动机为基础；在学习对象的主动操作、探索、加工、体验、变革的自主活动过程中完成；学习目的不仅在于掌握知识，更在于通过过程掌握方法、发展能力。

第三，活动教学是侧重以问题性、策略性、情感性、技能性等程序性知识为基本学习内容的教学。以学生的主动学习为特征的活动教学受知识本身的特点制约，因此活动教学有特定的对象内容和适用范围。现代认知心理学的广义知识观将知识划分为陈述性知识和程序性知识。陈述性知识是有关“是什么”的知识，它主要体现为事物的名称、概念、命题、事实等方面的知识，例如“中国的首都是北京”，学习这样的单个命题所获得的就是这种知识。这类知识通过教师的讲解就可以为学生所掌握和记忆，通常又被称为记忆性知识。程序性知识是有关“为什么”和“怎么办”的知识，主要涉及概念、规则和原理的理解和应用，解决问题的技能、方法、策略的形成，以及情感的体验等。这类知识具有较强的特殊性、个体性和活动性，它关心的是在教学实践中如何通过学生的主动活动促进对概念原理的理解，以及如何将储存于头脑中的原理、定律、法则等由静态的命题知识转化为动态的应用操作技能，实现由储存知识向探究知识、运用知识的转化，促进学习能力的发展。因此，掌握这类知识不能单靠讲授、告知的方式，还必须通过操作、探究、体验。从知识的内在特征来看，程序性知识客观上要求必须以活动的方式来实现知识的内化，因而是非常适合以活动教学方式进行教学的知识类型。

第四，活动教学是强调以能力培养为核心、以素质整体发展为取向的教学。以能力培养为核心、以素质整体发展为取向体现了一种新型的教学目的观，它以“活动”与“发展”关系的基本主张为认识和实践的基础，是由活动教学的基本宗旨和实践特点内在规定的，集中概括了活动教学对于教学价值、教学功能的认识，意味着活动教学不仅在认识上突出了能力培养和素质整体发展的重要性，更重要的是它找到了促进学生能力及素质整体发展的基本途径——学生的主体实践活动。这一目的观表明，只有在丰富多样的主体实践活动中，学生的认知、情感、能力才有可能得到整体发展。

2. 活动教学思想在任务型教学中的体现

当我们用活动教学观来衡量审视任务型教学的时候，完全有理由说任务型教学是活动教学观在语言教学领域的实践形态。

首先，任务型教学以“任务”为其基本教学组织形式。之所以如此，是基于这样的认识：有效的语言学习不是传授性的，而是经历性的，让学生参与有目的的交际活动，在交际中认识、掌握、学会使用目的语是习得第二语言的最有效途径。因此，课堂教学的任务首先是要为学生提供认识、体验、实践目的语的机会、环境和条件。任务型教学把贴近学生实际生活的、有待他们借助目的语完成的任务作为教学组织的基本单位的目的就在于此，任务成为蕴含教学目的，创造机会、环境、条件，体现教师作用，引导学生主动参与，从而认识、体验、学会使用目的语的中介。其次，从学习方式来看，任务型教学积极倡导合作学习、交往学习、探索发现学习、体验学习等学习方式。任务型教学的主要实践原则就是互动性。“互动”不可能单向，必然包含合作协商。用目的语交流、沟通、协商，进而完成任务的过程，能够促进交际各方在目的语的掌握使用上相互取长补短，能够促进各方中介语系统的扩展、修订、重构。最后，从发展能力、提高素质的角度看，人作为社会个体，交际能力是其最基本的生存能力之一。仅从这一点看，语言教学注重培养交际能力的意义不仅在于学习语言，也是为了人的发展需要。任务型教学所强调的互动性在促使学生学会用目的语交际的同时，使学生学会了沟通，学会了合作，学会了共同学习。因此，它也是以“活动”促发展的。

特别能够引起人们思考的是，上述关于活动教学的认识基础和实践基础的分析阐述为任务型教学以任务为本的合理性提供了新的理论解释。作为第二语言习得的教学途径，任务型教学主张语言输入与输出并重，即使语言的输入也应在完成交际任务，即有目的的交际活动中获得，因此，可以说它更强调输出。若用广义知识划分来解释，语言的规则系统属程序性知识的范畴，因此，其不能像陈述性知识那样通过教师的讲解、告诉而被学生所掌握。依据活动教学的理论解释，程序性知识客观上要求必须以活动的方式来促进对知识的理解，实现知识的内化。同时还应看到，语言学习是情感的体验，因为语言文字是传情达意的，必定负载着思想和文化信息，体现一定的价值观，给学生以情感的触动。因此可以说，任务型教学重视活动，强调让学生在用目的语交际中领悟目的语的规则，并在使用中掌握、内化规则。可见，这一做法是将语言规则作为程序性知识来看待的，其中蕴含的合理性得到了新的解答。认识到这一点的重要意义在于：知识的内在特性本身也揭示了在英语教学中给予活动应有地位的极端重要性。这就不难解释为什么传统教学中教师辛辛苦苦地讲，学生花费了大量时间精力背单词、学语法、做习题，但结果往往不尽如人意。这是因为学生缺少在语言情境活动中的交往实践，未能将语言知识转化成语言运用能力，把语言当成静态的知识来学，其结果可想而知。

二、任务型教学法的类型与原则

（一）任务型教学法的类型

1. 任务类型

（1）目标性任务或真实世界的任务

目标性任务或真实世界的任务指的是学生离开课堂在生活、学习、工作中可能遇到的各种事情，如收听天气预报、预订机票等，它们是学生学习英语的最终目的。

（2）教育性任务

教育性任务包括激活式任务和演练式任务。激活式任务能激活学生新学习的语言技能，如角色扮演、信息交换等。演练式任务与真实生活中的任务相似，如在报纸上寻职并模仿求职过程等。在完成这些任务的过程中，学生从模仿性地运用语言逐步过渡到创造性地运用语言，从而习得语言。

（3）单元任务

为了达成单元教学目标，教师结合单元功能话题以及语言形式等内容而设计的一系列任务即单元任务。每个单元任务都可能具有激活式任务、演练式任务的特征，而任务之间又存在着相依性、涵盖性的特征，并由此形成由易到难、由简到繁、由初级向高级且高级又涵盖初级的链式循环结构——单元任务链。

（4）课时任务

单元教学目标被分解为更加具体的课时目标，为实现课时目标，教师为具体一节课所设计的一系列任务即课时任务。任务之间同样存在着相依性、涵盖性的特征，并由此形成课时任务链。单元任务与课时任务之间的关系：单元任务链中的每个单元任务分别是各节课时任务链中的高级任务，单元任务涵盖课时任务。

2.任务、活动、练习

从任务的定义不难看出，任务就是活动。任务型课堂教学就是把课堂活动任务化。在实际课堂教学中，一个一个的任务串起若干活动，这些活动既有任务的特征又有练习的特征；有些活动可能有多个步骤，其中有些步骤更接近任务，而有些步骤可能更接近练习。采用任务型语言教学途径不能否认练习对语言学习的作用。练习是完成任务所开展的系列活动中的某一个步骤，是围绕语言项目本身进行的一些复习、巩固语言知识的活动，只有语言的结果。而在完成任务过程中，学生围绕一个具体的目标，分步骤做事情，任务有一个非语言结果。

（二）任务型教学法的原则

任务型教学法在大学英语教学中应用十分广泛。在明确了任务型教学法的兴起背景以及类型、原则等理论知识的基础上，为了在大学英语教学中更好地应用和实施任务型教学法，教师应该在实施任务型教学法时明确任务型教学法的原则。

1.强调真实性

在具体应用和实施任务型教学法中，教师应该保证教学任务设计或教学活动设计的真实性。具体而言，就是教师要明确语言交际应该在怎样的情境中发生，或需要什么样的情境进行交际。真实性原则是教师在教学中实施任务型教学法必须遵循的原则。只有使语言与情境有效融合，才能实现交际的目的。如果没有真实性的情境，交际就很难顺利进行，语言知识与情境也很难融合在一起。

另外，教师应该从思想上意识到真实性原则在任务型教学法实施中的重要性，应该重视语言知识的情境性设计，鼓励学生在不断适应新的情境，同时引导学生利用各种手段和途径来理解语言知识情境。在此基础上，学生还应该学会将自己学习的语言知识与新的情境有效融合，从而实现知识中有情境、情境中有知识的多元化体系。

除此之外，需要强调的一点是，在大学英语教学中，绝对的真实性情境并不容易实现，这里强调的真实性原则并不是绝对的真实性，而是要求尽可能地真实，尽可能地与现实生活贴近，或尽可能地为学生提供真实的教学情境、学习情境和交际情境。

2.关注信息差

信息差，简单理解就是交际双方之间各自拥有的新信息。信息差的实施必须有共享信息作为基础，交际双方只有在共享信息的基础上，才能通过交流和交际来获得各自所需要的新信息。这也就是交际双方交际的最终目的。

在进行交际或理解任务的过程中，交际双方十分重视任务的内容、意义等，并不重视语言采用的形式以及语言的表达、语法的准确。交际双方只要理解了任务的内容和表达的意义，就可以称得上交际的成功或任务执行的成功。

因此，教师在教学中实施任务型教学法的过程中，应该关注信息差，了解共享信息的基础作用，理解双方的交际需求，明确任务本身所要表达的意义或价值。

3.注重互动性

语言教学需要互动性，大学英语教学也不例外。因此，任务型教学法的实施应该注重互动性。互动性强调的是交际双方在交际过程中的双向性，无论是对话、会话还是讨论，都是互动性的。具体到日常生活的交际中，最为常见的交际方式也是双向的。不可否认的是，在日常生活交际中也存在着一些单向的交际方式，例如话剧中的独白就是常见的单向交际方式。

在交际过程中，互动性是语言输出的基础，是信息交流的前提，是意义协商的保障。在互动中，必然有合作，必然有交流。需要指出的是，互动还需要一定的条件，如话语常规、人际关系、交际需求等，只有这样，才能保证互动是有意义和有价值的。同时，在互动过程中，为了能够保证互动的顺利性和有效性，互动双方还应该选择不同的语言交际形式。另外，互动的过程也是交际双方互相了解对方的过程，也是获得交际需求的过程。可以说，互动能够使交际双方更好地认识语言、了解语言、理解语言和使用语言。

具体到大学英语教学中，英语教师在应用任务型教学法的过程中，也应该遵循互动性原则。例如，在大学英语教学过程中，教师可以通过对话、提问、交流、讨论、合作等形式来实施教学。同时，教师应该充分发挥互动的作用，采用多种方式鼓励学生主动发言、主动交流、积极提问、主动辩论等，这样有利于学生从中感受到互动的乐趣，激发学生学习英语的兴趣。另外，教师应该将互动性贯穿教学的整个过程，多布置一些互动性的任务，鼓励学生积极参与到互动活动中，从而使学生更好地完成任务。

4. 重视做事过程

在任务型教学法实施过程中，教师还应该重视做事过程。在具体的任务设计中，教师应该多布置一些动手动脑的任务，并鼓励学生通过手脑结合来完成具体的任务。实际上，学生做任务的过程就是做事的过程，具体到语言教学中，就是用语言完成事情的过程。在这一过程中，学生不仅要对问题进行思考、分析，还要寻找各种方法解决问题。另外，教师还应该引导学生具体问题具体分析，选择科学、合理的方式来解决具体的语言问题，最终在认真做事过程中完成语言任务。

在语言教学中，究竟应该重视教学过程还是教学结果，不同的教学方法研究者有着不同的观点。任务型教学法研究者认为过程比结果要重要得多。在做任务（即做事）的过程中，学生通过思考问题、分析问题、解决问题，能够使自己的语言知识更加丰富，使自己的语言体系更加健全。

5. 注意操作性

任务性教学法在实施过程中，还应该注重任务的可操作性。如果任务或教学活动设计得过于复杂或过于难，则不利于学生顺利完成任务。同时，在设计教学活动或教学任务过程中，教学道具、教学内容、教学时间等都应该合理安排，使其既能够满足教学需要，又能够将教学的内容和意义表达出来。

另外，有一些教学活动或教学任务有时间的限制，因此，教师在设计教学活动和任务时，在注重可操作性的基础上，应该充分考虑多种因素，将课堂教学与课后练习相结合，同时还可以借助一些道具或利用一些信息化教学手段来进行设计，鼓励学生积极主动地完成任务。除此之外，为了提高任务的可操作性，在设计教学活动和教学任务的过程中，教师应该尽量使任务设计的内容简明扼要，可以将任务做成能够修改的方式，还可以对任务中的内容进行重复运用。

6.组合弹性模式

在任务型教学法实施过程中，教师还应该重视弹性模式。也就是说，在设计教学任务和教学活动过程中，教师应该结合具体问题进行具体分析，不能将任务设计成固定的模式，而应该将弹性模式融入具体的任务型教学，只有这样才能促进任务教学法的广泛应用。

第二节　任务型教学模式的特点与价值

一、任务型教学模式的特点

（一）教学内容的真实性

任务型教学模式注重内容的真实性，这是任务型教学模式的显著特点。具体而言，任务型教学的内容大多与学生的日常生活密切相关，同时教学活动也是丰富多彩和富有层次的。任务型教学在不同阶段有着不同的任务或活动设计。例如，在初级阶段，主要注重意义的建构和机械性的活动；到了中级阶段尤其是在高级阶段，主要注重知识运用方面的活动设计。无论任务的内容如何设计，都应尽可能地贴近学生的生活，保证内容的真实性。

（二）循序渐进的任务链

传统的教学模式虽然有着具体的教学程序、任务和步骤，但大多数教学程序、任务和步骤之间是孤立存在的，并没有紧密的联系。而任务型教学模式作为教学中的一种常用模式，不同于传统的教学模式，它包含数个不同的任务，且每个任务之间并不是孤立存在的，而是相互联系、相互制约、相互促进的。具体而言，在任务型教学模式中，任务的设置都是循序渐进的，遵循着由简单到复杂的顺序，同时，任务与任务之间都是紧密相连的，具有层次性、关联性、连续性等特征。另外，任务型教学涉及的任务十分广泛，如单一的或综合的、输入的或输出的、初级的或高级的等，这些任务相互促进、共同发展，形成了一个循环的任务链。

（三）师生角色的转变

众所周知，在传统的教学模式中，教师是绝对的权威者和传授者，处于语言教学的主体地位，而学生只能被动地接受教师讲解的知识。而在任务型教学模式中，教师的角色发生了一定的转变，教师负责设计任务、提供资料、组织教学活动、引导学生学习等，由传统的权威者转变成设计者、提供者、组织者、引导者、示范者等。

相应地，在任务型教学模式中，学生的角色也发生了一定的转变。在传统的语言教学模式中，学生的主体地位被严重忽视，学生是知识的被动接受者。而在任务型教学模式中，学生的语言项目使用不受限制，既可以独自完成学习任务，也可以与小组内的其他成员合作完成学习任务。总之，任务型教学模式以学生为中心，学生由传统的被动接受者转变为主动参与者、自主学习者、主动思考者、积极合作者、调控者。

（四）评价方式的转变

任务型语言教学模式与传统的语言教学模式在评价方式上有着很大的不同，下面从不同的方面对其进行简要分析。

从评价目标而言，传统语言教学模式注重评价的结果、最终的成绩等；而任务型语言教学模式注重评价的过程、能力的提高和发展。

从评价内容而言，传统语言教学模式注重单一语言知识的传授；而任务型语言教学模式主要重视的是语言的应用能力、语言的学习过程。

从参与评价主体而言，传统语言教学模式主要注重教师评价，评价的主体具有单一性的特点；而任务型语言教学模式的评价主体具有多样化的特点，不仅包括教师、学生，还包括家长与社会。

从评价手段而言，传统语言教学模式主要采用的是单一性的评价手段，通常主要通过采用固定性考试的手段来对学生的学习情况进行评价；而任务型语言教学模式采用的评价手段是多元化的，既包括测试性与非测试性评价，也包括形成性评价与终结性评价，还包括教师评价、学生互评和学生自评。

从评价效果而言，传统语言教学模式受应试教育的影响，用考试和分数来衡量教学的效果；而任务型语言教学模式注重学生合作精神的培养，鼓励学生积极主动参与学习活动。

二、任务型教学模式的价值

(一) 英语教学方面的价值

1. 增加语言的输入和输出

根据克拉申（Krashen）的输入假设可以知道，语言的使用与理解性输入有着直接的关系，并不是教师通过教学教出来的。由此可见，在教学中尤其是在语言教学中，要想习得语言，就应该注重语言的输入。在此基础上，斯温（Swain）对语言习得进行了更加深入的研究，他认为，语言输入是语言习得的基础和前提，语言习得不只与语言输入有着密切的联系，还与语言输出有着紧密的联系。只有可理解输入与可理解输出有效融合，才有利于语言习得，也才能使学生更好地学习语言和使用语言。从上述分析可以看出，大量的语言输入与输出是一种理想情况，对于语言习得具有重要的意义。任务型语言教学的目的就是采用各种手段为学生提供真实的情境，促进学生更好地学习和使用语言。

众所周知，在传统教学模式中，教师是教学的中心，学生只能被动地接受知识。而在任务型语言教学中，教师注重任务的设计及小组活动，增加了语言的输入，而语言输入的增多使得语言输出也有了一定的增多。

除此之外，在任务型教学模式中，学生的中心地位越来越突出，学生学习的积极性、主动性也有了很大程度的提高。在课后，学生也会根据自身的情况自主搜集一些资料，同时通过互动、交流的方式分享给其他同学。学生间的交流与分享，有利于学生理解语言、使用语言，有利于学生自主学习能力的培养，有利于学生的语言输出，也有利于学生交际能力的提高。同时，各种学习任务也会在一定程度上丰富语言相关的资料。

2.改变学习环境和学习方式

(1) 学习环境的改变

学习环境是教学目标实现的基础，是教学效果提高的保障。长期以来，我国采用传统的语言教学模式，忽略了学生的个性、兴趣、特长、自主学习、价值观等，对学生过于严格，没有留给学生足够的学习和思考时间。这种传统的教学模式不利于激发学生学习语言的兴趣和热情，也不利于提高学生学习的主动性。

而任务型教学法能够为学生学习提供真实的情境和轻松愉悦的学习氛围，这有利于学生积极主动地参与到教学活动中，积极思考，不断努力，从而更好地完成任务，感受任务的重要性和意义。

可见，任务型教学模式与传统语言教学模式不同，它在学习环境方面发生了显著的变化。具体变化简要分析如下：

就课内学习环境而言，传统的语言教学模式严重忽略了学生的主动性；而任务型语言教学模式注重对学生学习主动性的调动。

就课内语言环境而言，传统的语言教学模式不注重学生语言的运用，很少给学生提供语言运用的机会；而任务型语言教学模式注重语言的输入和输出，注重功能语言的运用，并采用多种方式为学生提供各种语言运用的机会。

就校内学习环境而言，传统的语言教学模式以教师为中心，严重忽略了学生的主体地位，师生之间是一种不平等的师生关系；而任务型语言教学模式以学生为中心，注重教师的引导作用，注重平等、和谐、融洽师生关系的建立。

就校外学习条件而言，传统的语言教学模式不注重语言的接触和运用；而任务型语言教学模式十分注重语言的接触和运用，并为学生提供大量的机会。

学习环境的改变对语言教学具有十分重要的意义，对大学英语教学也具有十分重要的意义。

（2）学习方式的改变

传统的教学模式主要是教师讲授知识，学生被动地接受知识；而任务型教学模式十分重视学生的小组学习。将小组学习运用到英语教学中具有十分重要的意义，具体表现在以下几个方面。

第一，为学生提供真实的学习情境，激发学生学习的兴趣，提高学生学习的积极性。

第二，为学生营造轻松、愉悦的学习环境，使学生更加轻松地学习和思考。

第三，注重学生的特长和兴趣，注重个别教学和辅导。

第四，注重学生英语的使用，有效提高了学生使用英语的效率和质量。

第五，学生更加倾向使用英语，尤其是在小组学习中。

综上所述，任务型教学注重小组学习，而小组学习有利于激发学生学习的兴趣，促进学生积极学习。尤其是对大学英语教学而言，任务型教学模式能够为学生提供真实的语言学习情境，对大学英语教学的开展和发展具有十分重要的意义。同时，任务型教学模式注重个别辅导，注重学生语言的运用和实践，为学生提供了互动和交流的平台。除此之外，小组学习还有利于学生意识到合作学习的重要性，并在小组学习中不断培养自己的合作精神。

3. 实现互动性课堂教学

从本质上而言，任务型教学具有很强的互动性。因此，任务型教学模式可以实现互动性课堂教学，有利于提高大学英语教学的效果，实现大学英语教学的目标。下面对互动性课堂教学的优势进行深入分析。

（1）角色的动态性

基于互动性的课堂教学并不是静止不变的，即使是教师和学生，其在课堂教学中的角色也是动态性的。具体而言，可以从以下四个阶段进行分析。

第一，启动阶段。在启动阶段，教师主要扮演的是设计者的角色。这种角色要从整体的角度来进行教学设计，需要考虑的因素有很多，例如任务形式、活动语境、学生学习情况、任务内容、语言材料等。除此之外，教师还应该鼓励并引导学生积极参与到教学设计中，并结合学生的实际情况，融入一些代表性的观点，从而使教学设计和教学活动与学生的动机不谋而合。

第二，展开阶段。在展开阶段，教师主要扮演的是组织者、辅导者和参与者的角色。在启动阶段结束之后，学生就进入了展开阶段，此时教师要充分发挥自身的指导作用，并对学生进行辅导。作为参与者的角色，教师通过与学生的互动与交流，共同营造良好的学习氛围。

第三，深入阶段。在启动和展开阶段结束之后，就进入了深入阶段。在深入阶段，教师主要扮演的是促进者的角色。这种角色的作用是提高学生的学习热情，促进学生积极参与，不断进步。对于学生而言，学生所扮演的角色是发现者的角色，通过发现问题、思考问题、分析和研究问题，促进教学活动的进一步发展。

第四，结果阶段。在结果阶段，教师主要扮演的角色是评价者与观赏者。在这一阶段，教师应该结合学生的实际情况，对学生的学习情况进行综合衡量和评价。需要注意的是，教师对学生表现出来的优点应该及时予以表扬，对于学生表现出来的不足也不应该一味地指责，而要帮助学生进行改正，从而促进学生全面发展。对于学生而言，其扮演的角色是评价者。在这一阶段，学生在教师的引导下积极进行自我评价。

（2）互动的多维性

传统教学模式强调的信息互动，其实只是一种单向的互动，即教师将信息传递给学生的单向互动，从本质上而言，并不能称得上是真正意义的信息互动。任务型教学模式强调的互动具有多维性的特点。具体而言，主要包括教师与学生之间的互动、教师与教师之间的互动、学生与学生之间的互动、个体与群体之间的互动，以及个体与个体之间的互动、群体与群体之间的互动等。因此，任务型教学模式强调的信息互动才能称得上是真正意义的信息互动。

在具体的互动中，教师与学生并不是孤立的，也不是传授者与被动接受者的关系，而是形成一种平等、和谐的师生关系。

（3）合作共享

任务型教学模式是一种互动性很强的教学模式，它具有合作共享的特点。对于这一特点的理解可以从以下两个方面入手。

一是合作性。在信息传递中，教师与学生、学生与学生之间所拥有的信息是不同的，这就形成了彼此之间的信息差，而通过任务型教学模式的互动性可以填补这种信息差。

二是共享性。在信息处理中，教师与学生、学生与学生之间所拥有的信息并不是封闭的，而是可以共享的。

还需要指出的一点是，信息差是合作共享的基础。要想实现合作共享，就应该在教学设计过程中融入信息差。同时，合作共享的实施还与教学的组织形式有着紧密的关系，而小组活动是任务型教学模式常用的一种教学组织形式。

（4）体验创造

学生运用已有知识进行交流和表达思想的过程就是创造的过程。具体可以从以下几个方面进行理解。

一是理解的创造性。学生结合自己已有的知识结构、经验等对信息进行编辑、加工、整理。这一过程反映了学生理解的创造性。

二是语言的创造性。学生结合实际需求，对自身已有语言知识进行整理、加工和重新组合，从而将自己的真实情感融入其中。

三是交际的创造性。交际中势必会存在信息差，即使进行不同程度的填补，也会产生新的信息差。

在语言教学中，要想使学生能够体验到语言学习中的这种创造性，教师应该注重教学活动情境的设计，任务型语言教学模式也不例外。教师在教学活动设计过程中，应该综合考虑多种因素，如教学因素、学生因素、环境因素等。只有这样，才能使学生在互动中体验创造。

（二）素质培养方面的价值

1. 调动学生的学习积极性

任务型教学模式不同于传统教学模式，它有明确的任务，注重真实情境的创设和学生的互动，有利于激发学生学习的兴趣和积极性。

2.培养学生的自主学习意识

任务型教学模式主要分为任务前、中、后三个阶段。在每个任务阶段，学生为了更好地完成任务，都会积极主动地学习、参与、思考、交流与实践，这一过程有利于学生总结语言学习的规律，培养自身的自主学习意识。

3.提高学生的语言运用能力

任务型教学模式主要以任务为中心，在具体实施过程中，教师会设置形式多样的教学任务，这样有利于学生在不同的任务中综合运用已学习的语言，提高语言运用能力与交际能力。

4.培养学生的合作意识

任务型教学模式不仅注重任务的多样性，还注重学生的互动性。学生为了更好地完成任务，就会积极参与到小组讨论中，与其他成员进行互动，这样有利于培养学生的合作意识。同时，在互动的过程中，学生不仅可以表达自己的观点，还可以从他人观点中获得启发，这有利于学生意识到团队合作的重要性，进而增强合作意识。

第三节　任务型教学模式在大学英语教学中的实施

一、大学英语任务型教学模式的实施步骤

（一）任务前的实施步骤

任务前阶段是大学英语任务型教学模式实施的前提。任务的准备与呈现都是任务前阶段的实施步骤。任务前阶段是任务型教学模式不可缺少的阶段，其主要作用主要包括两个方面：一是通过任务前的准备工作和呈现工作来激活学生的已有知识体系和思维，使学生能够在已有知识体系的基础上构建多元化的语言体系；二是为任务的实施做准备，使学

生能够积极主动地学习，积累丰富的知识，为任务的完成奠定基础。

1. 任务的准备

在任务的准备阶段，学生要积极地参与到任务中，通过多种手段获取信息并对信息进行相应的处理，同时，还要对这些信息内容进行表达，从而提高自身的语言技能和表达能力。具体到大学英语教学中，教师在任务准备阶段，应该注意英语输入的真实性以及英语任务设置的难易程度。只有英语输入真实、英语任务难易适中，才能使学生更好地为英语任务的下一阶段做好准备。

2. 任务的呈现

任务的呈现，简单理解就是教师向学生介绍需要完成的任务，同时，强调完成这一任务需要学生利用新的语言知识。除此之外，教师还应该根据学生的具体学习情况，为学生创造真实的情境，从而调动学生学习语言的积极性。

（二）任务中的实施步骤

任务中阶段对学生的语言习得起着至关重要的作用。在任务中阶段，教师应该结合学生的实际学习情况，合理选择任务，避免任务的难度过高或过低。

在任务实施过程中，学生为了更好地完成任务，可以采取多种方式，例如小组形式、辩论形式、自由组合形式等。在大学英语任务型教学模式中，小组活动的形式比较受欢迎。在小组活动设计中，设计者要明确小组任务与个人任务并不是孤立存在的，而是相互促进的，同时要明确师生之间的关系与角色转变。在小组活动开展过程中，教师要及时对学生进行指导，从而促进教学目标的实现。

除此之外，教师可以与学生积极互动，甚至主动加入小组活动中，与学生共同参与任务、共同学习、共同讨论，从而形成平等、和谐的师生关系。同时，教师还可以及时了解学生完成任务的情况和对知识的掌握情况，并以此为依据，及时调整教学方式，从而促进任务的高效完成。

（三）任务后的实施步骤

任务前、中阶段结束之后，就进入任务后阶段。这一阶段的实施主要包括对任务的汇报和评价。经过任务的实施，小组内可以选取代表在课堂上进行发言，总结和汇报本组内任务完成的具体情况。在这一过程中，教师主要扮演着指导者的角色。

小组代表汇报完之后，教师应该对每个小组任务完成的情况进行评价，不仅要指出小组完成任务的优点，还要指出小组完成任务的不足。同时，教师应该给予优秀小组一定的奖励。另外，在任务评价过程中，教师不仅要科学、公平地对每个小组进行评价，还要鼓励学生互评，这样有利于学生正确认识自己，客观评价他人。

二、大学英语任务型教学模式的实施路径

（一）严格遵循教学大纲

教学大纲在大学英语任务型教学模式的实施过程中发挥着不可替代的作用。因此，教师在实施这一模式时，要以教学大纲为中心展开教学。下面对任务型教学大纲进行简要分析。

第一，教学过程具体明确。

第二，教学原则清晰明了。

第三，教学中任务的选择要有一定的倾向性。

第四，任务的设计和难度要具体分析。

第五，对任务的结果要进行评估。

第六，教学中教师的语言要达到意义与形式的平衡。

第七，教学和学生在任务型教学中的角色要明确。

第八，学生在任务教学中要有互相交流的机会。

第九，任务型教材的编写与使用要和当地具体实际相结合。

第十，教学过程中交际策略的使用、任务设计的动机、任务的目标和任务处理要在教学大纲中具体明确。

在教学大纲中具体阐述上述内容，能够为英语教师指明方向，从而

使任务的实施更具系统性，同时也保证了英语教学实施过程中的科学性和可操作性。

（二）合理设计教学任务

为了提高教学任务的可行性和可操作性，教师需要注意以下几点。

第一，任务在设计时应该注意其操作性，不能脱离具体的教学条件。

第二，教学活动要具有多样性，这样才能保证各种类型的学生的需求都能得到满足，也能满足学生自主选择学习内容的需要。

第三，任务的设计要具有层次性，也就是说，任务要有不同的难度等级。这是为了满足不同学习层次的学生要求，进而提高学生的创造力、审美力以及协作能力。

第四，当学生完成相应的任务时，教师应从学生的完成情况判断学生的具体学习水平。

第五，任务型英语教学并不是将任务局限在课堂英语教学中，学生也可以在课内外对任务进行研究和学习。

总而言之，设计的任务活动要突出趣味性、可操作性、科学性、交际性、拓展性、真实性、整体性和层次性，以利于培养学生的创造性思维，利于提高学生综合运用英语的能力。

（三）掌握任务型教材

众所周知，教学理念的实现需要相应的教材作为依托，任务型英语教学法也是如此。任务型英语教学的教材应该具有以下几个特点。

1.教材的设计要以任务为核心

任务型英语教学就是在完成任务的过程中让学生自然地使用所学语言，在使用所学语言的过程中提高语言表达能力。因此，任务型英语教材不应该直接地呈现各种语言知识和素材，而应该设计各种不同的任务来提高学生的英语习得水平。

2.任务型教材中出现的语言材料应力求真实

所谓真实性的材料，指的是生活中经常出现的语言素材，如报纸、杂志、广告、公告、通知、产品说明书、操作指令、书信等。需要注意的是，这些真实性的材料是用于公众交际的，并不是专门为了教材的编写而设计的。若是为了教学专门设计语言材料，必然会丧失其真实性。

3.教材中要突出真实的交际目的

根据任务型英语教学思想编写的教材，无论其设计何种类型的任务，都要突出交际的真实性。所谓交际的真实性，就是指学生完成的交际活动具有真实的交际需求、真实的交际语境和真实的交际对象。

（四）与课外教学相结合

在利用任务型教学法进行英语教学时，教师不能仅仅将课堂作为任务完成的场所，而应该开放思维，将教学任务延伸到课堂教学之外的生活中。这就是说，教师应该充分利用课外教学辅助任务教学。

需要注意的是，利用课外教学进行任务教学并不是将学生的学习时间延长，而是要教会学生在日常生活中运用英语知识，进而达到巩固知识的目的。课外英语教学可以通过以下几种方式进行。

1.布置一些学生感兴趣的课外作业

学生的课外生活应该是丰富多彩、充满乐趣的，因此教师可以设计一些调动学生兴趣的课外活动和作业让学生在课下完成。通过课外英语教学，学生学习的主动性和积极性会得到提高，同时学生独立完成任务的能力也会得到锻炼。

2.开展多样的课外活动

学生的英语课外活动主要包括以下几种类型。

第一，英语竞赛。在大学的不同阶段，教师可以组织学生参加丰富多彩的英语竞赛活动，如英语单词竞赛、英语作文竞赛等。

第二，英语表演。英语表演活动使学生可以在一种互帮互助的环境下进行语言的学习，对学生语言表达能力、团队协作能力的提高有积极的促进作用。

第三，英语角。英语角的开办能够为英语学习爱好者提供一个互相学习的基地，使学生乐于用英语表达和沟通。

第四节　中国本土化的英语任务型教学模式

把任务型教学的合理成分与中国本土英语教学法的优点进行整合，就构成了中国本土化的任务型英语教学模式。该教学模式由任务呈现、真实学习任务和真实任务活动构成。在该教学模式下，学生完成预定的学习任务并不是最终目的。

中国本土化的任务型英语教学模式是通过让学生完成不同的任务，促进他们不断地学习英语，在提高语言准确性的同时提高语言的流利性。该模式为学生提供了明确的学习目的和有利于学生活动开展的情境，教师根据学生的理解能力和学生已有的知识经验，设计和选择有目的的活动让学生参与，学生通过完成具体的任务，树立自信心，培养并提高语言综合运用能力。

一、任务呈现

任务呈现阶段也可以称为任务型英语教学的预热阶段。在任务呈现阶段，教师将主题介绍给全班，目的是激活学生原有的与主题相关的词汇和短语，减轻学生认知加工的负荷，同时让学生理解任务的目标和要求，熟悉话题，预测内容，由此激发学生的学习兴趣，强化学生的学习动力，增强学生完成任务的自信心。这一阶段只是起热身的作用，教师在这一阶段不要花太多的时间。

大学英语教师要根据学生的具体情况和教学内容，设计有意义且适合交际的活动，为后面的真实学习任务做必要的铺垫，以便收到事半功倍的效果。

二、真实学习任务

真实学习任务是学生为了完成真实世界的任务而进行的各种内容和语言上的准备。任务可以分为交际性任务（也叫真实世界的任务）和学习性任务（以完善语言结构为主的活动，也叫教育性任务或语言性任务）。学习性任务的作用是给学生提供语言工具以帮助其完成交际性任务。只有对英语句型进行反复记忆、模仿和操练，学生才能形成新的语言习惯。

（一）新语言知识

新语言知识，顾名思义，就是新的语言材料。在任务型教学中，教师应该采取各种手段激活学生已有的知识，创设真实的情境，使学生将已有语言知识与新语言知识相结合。

（二）语言实践

语言实践是任务型教学不可缺少的。英语课堂上可以经常采用不同的语言练习和活动开展教学。

1. 重复

教师组织学生以个人、小组或全班的形式对短语或句型进行重复性练习。

2. 匹配造句

教师可以要求学生将有关联的两部分配对在一起，然后用所学的语言知识造句。

3. 改写句子

教师给出几个句子，然后要求学生根据所学句型进行改写。

（三）过渡性练习

过渡性练习介于预备性练习和交际性练习之间，起承上启下的作用，能够推动语言形式的练习转向语言意义的练习。教师可以通过各种形式的交际活动，如模仿对话、相互问答、看图说话、复述、读后感、角色扮演等，把英语教学材料放在交际的情境中，从而引起学生的兴趣，调动学生的积极性，为学生进入真实交际活动做好铺垫。

过渡性练习要求学生不仅要熟悉所学内容，还要了解场景中各个角色的特点。总之，为完成这样的任务，学生必须全身心投入，这就使得学生的学习动机会随着任务的完成得到进一步的强化。

三、真实任务活动

学生参与有意义、有目的的交际，可以从根本上避免机械学习，最终提高英语交际能力。在丰富、真实的英语语言环境中习得的英语知识，能使学生毫无障碍地进行交流，把英语的形式与意义相结合，从而真正地掌握英语。

真实任务活动阶段是学生接触和使用语言的阶段，即用语言来做事的阶段。在这一阶段中，学生虽然需要使用语言，但是语言只是获取信息和表达观点与意见的工具，学生所关注的重点不在语言，而在意义。在这一阶段，学生成为语言交际的主体，他们以配对的形式或以小组的形式获取信息，表达意见。

（一）任务实施

教师创设模拟真实生活的情境，让学生在变化的情境中练习。学生通过角色扮演、自由交谈、问卷调查等形式，灵活运用所学语言知识，在真实的情境中产生真实的交际需要，从而实现知识的迁移。

学生应根据自己的身份或在任务中所充当的角色主动地进行交流与互动。为了使交流能够进行下去，他们需要学会如何与他人合作，需要学会一些必要的交际手段和策略，需要学会思考如何用英语表达自己的观点和看法。

在这一阶段里，学生可以自由地进行对话，大胆地使用语言，他们的目标只有一个，那就是完成学习任务，获得结果。英语教师在学生完成任务期间，不再担任教学工作，只需担当监控者的角色。教师应确保所有的学生都明确任务的要求，并让他们在教师的整体监控下独立执行并完成学习任务。

教师布置了任务以后，要与学生保持一段距离，不要让学生产生依赖感。教师不要担心学生没有自己就寸步难行，要相信学生有这个能力独立完成任务。如果教师干涉过多，将不利于学生的语言发展。如果有小组过多地使用母语交谈或由于别的原因无法继续交流下去，这时教师可以轻轻地走过去，轻声地提供适当帮助，然后很快地走开。

当教师观察到绝大多数学生已经基本完成任务时，就可以让学生准备迎接下一阶段的学习。

（二）任务汇报

根据任务的类型和学生的水平，任务汇报时间可在1～3分钟不等。学生可以口头或书面形式向全班同学汇报学习结果。教师应对学生的汇报给出肯定的评价，尽管学生的汇报中可能有语法错误或用词错误，但教师不能因此否定学生的发言，相反，要看到他们的进步。

总而言之，正面的反馈可以强化学生的自尊心和学习动机，使他们以后更加努力。在汇报的过程中，学生可以比较不同小组的口头或书面报告，了解其他人在处理同一问题时所采取的不同方法、途径和步骤，以及他们是如何用不同的语言形式来表达同样的意义的。通过语言接触，学生可以学到很多东西。

在报告期间，英语教师的主要角色是主持人，需要做的是介绍报告的安排、报告的目的，提示下一位报告人，最后对学生汇报的内容和形式予以反馈。

在学生展示学习成果的过程中，教师应做到以下几个方面。

第一，确认报告者有清楚的学习目的，让每个学生都知道目的是什么以及报告后他们应如何处理这些信息。

第二，在听的过程中要记住对总结有用的要点，如果要提供语言反馈，教师在记下需要改正的短语和结构的同时，也要把好的表达方法记下来。

第三，面带微笑地注视着汇报的学生，并给予鼓励的目光。

第四，报告期间不要进行过多的干扰或纠正学生的错误，否则会打击学生的自尊心，并且影响交际活动的连贯性。

第五，控制好汇报时间，如果是小班教学，尽可能使每组学生都有表现的机会；如果班级人数较多，可安排一些小组在下次任务之后进行报告。

总之，汇报能帮助学生提高语言的流利性和准确性。学生在认真观看同伴汇报的过程中，能充分接触英语，在任务学习中提高英语水平。

（三）任务反思

任务反思阶段的目的是提供机会让学生重新审视完成任务的过程，重点关注语言运用是否正确、得体。在这一阶段，教师应对学生完成任务的情况进行过程性评价，尽量发掘学生的优点，对完成任务过程中学生取得的进步给予积极的肯定性评价，让学生体验成功，多给学生正面的反馈，但同时也要指出学生在任务活动中的普遍性错误或其他需要改进的地方。教师要引导学生从所学语言材料中归纳总结出语言的规律，并布置一些巩固性练习，帮助学生进一步熟悉、掌握、运用语言知识。

第四章　网络环境下的大学英语教学创新

第一节　大学英语网络教学的构成要素

一、英语网络学习环境

（一）英语教与学和网络环境

网络环境是网络英语教学的物质基础和非物质基础。学习环境是学生可以在其中进行自由探索和自主学习的场所，这里强调了环境的物理特性。根据教学的过程观，除了要对物质环境进行研究，还应该关注非物质环境。学习环境是指促进学生发展的各种支持性条件的统合。网络英语学习环境研究旨在对各种支持性条件进行研究，并探索各条件之间的关系，以对网络英语学习环境进行最优化的设计。因此，网络英语学习环境研究的内容主要包括物质环境和非物质环境两个方面。物质环境主要指网络英语教学平台的设计和开发；非物质环境主要包括教学活动和教学策略的设计、教学过程的监控、学习氛围、学生的动机状态以及人际关系等。

网络英语教学平台主要包括管理系统、教学系统、资源库系统和维护与支持系统四个部分。

1.管理系统

管理系统对整个网络英语教学平台进行管理，主要是进行教务管理和教学管理，具有权限设置、注册登记、政策公告等功能。教务管理主要是掌握学生基本情况、学习情况、选修课程等具体情况；教学管理系统主要用于公布课程要求、教学内容、教学环节、知识的重难点以及学习的阶段、步骤、教学安排等信息，以帮助学生结合实际情况制定出适合自己的学习目标和学习计划。

2. 教学系统

教学系统对日常的教学活动进行支持，这也是网络英语教学平台研究的重点所在。一般来说，教学系统应该包括学习工具模块、协作交流模块、反馈和评价模块等。

3. 资源库系统

资源库系统包括与教学有关的文字、图形、动画、视频、音频等各种资源，供教师和学生使用，对教学进行支持。

4. 维护与支持系统

维护与支持系统能为网络教学平台的正常使用提供必要的技术支持。

建构主义教学理论认为，学习环境是指以学生为主体的学习活动展开的过程中赖以持续的情况和条件。其中，“情况”是学习活动的起点和某一时刻的状态，“条件”包括物质条件和非物质条件。这和上文所说的物质环境和非物质环境所指基本相同，即物质条件指学习资源，非物质条件包括学习氛围、学生的动机、人际关系等以及系统采用的教学模式和教学策略。

网络学习环境的要素有学生模型、传输平台、学习功能模块、学习资源、学习工具。其中，学生模型包括基本信息、安全信息、学习课程信息等；传输平台包括局域网、互联网、卫星传输平台。学习功能模块包括作业区、在线测试区、在线虚拟实验室等；学习资源包括网络课件、资源库、视频点播、数字图书馆等；学习工具包括协作学习工具（如电子公告板、聊天室、留言板、电子邮件等）、个人工具（在线字典、在线作图等）。总之，网络学习环境就是指在网络环境下，利用网络、多媒体等信息技术，以现代教育思想和学习理论为指导，提供各种学习工具和丰富的学习资源，传递数字化内容，在教师和学生之间提供辅导和学习，在学生和学生之间提供协作与共享，开展以学生为中心的学习活动的环境。

网络学习环境具有高交互性、虚拟性、支持协作性、兼容性、开放性、信息资源丰富性、信息呈现多媒体性、信息组织超文本性、信息检索超媒体性、信息传递即时性等特征。

我国许多大学开始了大学英语网络教学环境建设，并且总结性地提出了“大学英语网络教学平台”的网络环境构建，该平台中有三大系统：教学/学习系统、教学/学习资源库和教学/学习管理系统。这三大系统中，教学/学习系统是主系统，它包括五个子系统，即多媒体课件系统、实时辅导系统、非实时讨论系统、作业提交/管理系统和在线测试系统。这是目前大学英语试点院校普遍采用的模式。网络教室将现有的分散的资源整合起来（如测评系统、自动答疑系统、师生交互系统、学习管理系统、基于网络的虚拟学习系统等），进行统一的资源配置和优化，为教学和自主学习提供语言平台，延伸课堂教学，构建课堂教学、实践教学和自主学习三位一体的新型英语教学模式。

为了考察大学生对网络多媒体环境的适应性，学者们综合以上网络教学平台的设想及经验，设计了网上协作探究学习的学习环境，采用了调查报告与实证性研究结合的方法，重点关注学生对学习资源、学习场所、学习评价与管理的适应性问题。结合大学英语网络教学平台的构建设想和调查数据，研究者们提出了诸如积极开展信息技术与英语教学资源整合的研究、加强对网络环境下英语教与学模式的研究、加强对网络环境下自主学习的系统研究、构建网络化英语教与学管理和评价的新机制等建议。

目前，国内英语网络学习环境主要分为基于校园网和基于互联网的学习系统。由教育部向全国大学推荐使用的几套大学英语网络学习系统，基本采用了“控制主干课程学习进程的管理系统＋大量全天候开放教辅资源＋在线自测题库＋教学主体（教师、学生）互动 BBS 等”的模式。基于局域网的测试题库，充分发挥了计算机辅助英语教学的优势，不但可以让学生完成无纸化的口、笔试，而且大大减轻了英语教师的负担。同校园网学习系统不同的是，互联网学习系统更注重资源的丰富性，为配套的语言学习课程提供了更为丰富的在线拓展学习以及资源下载，让学生在没有教室的环境中也能够顺利完成特定英语课程的学习，是课堂教学的有效补充和扩展。

基于课堂网络的英语学习环境是我国英语网络教学研究中一个恒常的话题。有学者提议建立这样一个英语网络学习系统，它是由多媒体网络教室、多样化的学习资源和学习工具，以及由教师和学生及其他成员组成的学习共同体所构成的个体学习的微观学习环境。以教室为基础的课堂网络学习环境在强调网络环境对英语教学的支持作用的同时，也强调学生之间面对面的交流对语言运用能力培养的重要性。因为对于学校英语教学来说，师生之间和生生之间的面对面的交流是主要的交流形式，这是由语言学习的特点所决定的。社会、文化等因素构成学生学习的宏观环境。学生的学习是在一定的社会、文化背景下进行的，但在正规的学校教育中，相对而言，微观的学习环境对个体学习产生的影响更为直接、显著。微观的学习环境和宏观的社会文化背景通过多样化的学习活动与学生的内部认知建构相互作用、相互影响。在现代学习环境中，学习工具一般是指与通信网络相结合的广义上的计算机工具，如多媒体教学平台、网络教学平台、英语专题学习网站等。学习工具同样也应包括传统意义上的一些英语学习工具，如录音机、电视、广播、投影等。多媒体网络环境可以为学生提供大量的、有趣的、多种表征形式的英语学习资源，网络学习资源是学生英语信息输入的一个重要来源。由教师、学生和其他成员构成的人际环境也是学习环境的重要构成要素，它构成学习的软环境。在英语学习过程中，充满多向交互的、开放的、和谐的、民主的、积极互动的课堂语言活动氛围，能够使学习产生浸润性的效果，能够使学生愉快地融合在英语的学习环境之中，产生积极的语言学习情感，自然地、不知不觉地吸取和操练，增强语感。

（二）英语教与学和网络资源

网络学习资源有广义和狭义之分。广义的网络学习资源包括相关网络硬件资源、人力资源和软件资源等方面。狭义的网络学习资源仅指学生能够用于网络学习活动的各种网络数据库，或称作教育信息资源库。

网络学习资源包括英语网络学习资源，其有不同的划分标准及各自的形式或类型。首先，依据教育资源的不同组织结构和呈现方式划分，它主要包括在线数据库、新闻组和电子公告牌、电子期刊、电子书和教育网站五大部分。其中，在线数据库通常有图书馆目录和各种专门用途的数据库，如学位论文数据库、会议文献数据库等。许多数据库检索服务中心可以通过因特网访问在线数据库的目录，如ERIC教育资源信息中心，该数据库是由美国教育部资助的具有权威性的教育文献数据库。新闻组和电子公告牌是为学生提供讨论服务的平台，讨论主题涉及面很广，讨论内容具体而深入。电子期刊有三类，即电子报纸、电子杂志、电子新闻和信息服务。大量期刊在网上发行，而其基本内容与印刷期刊基本相同。此外，各专业团体和学术组织都有自己的网上发行物，如较有影响的期刊Language Learning & Technology和TESOL等。教师可以选择这些资源作为英语课程内容的组成部分，并帮助学生订阅成为其学习的补充资料。电子书的基本特点是超媒体、反应性、用户控制和界面复合性，它是一种按照一定的组织结构而构成的计算机可视化学习材料，包括电子百科全书、人物传记、历史资料等。如今，许多英语小说已经做成电子书的形式放在网络上，还有许多教育机构都有网络站点，用于存放自己的数据资料，如课程内容、补充材料、教学交流、学术论文等。

其次，根据信息发布者的身份，信息资源可分为政府教育机构信息、企业集团教育项目及教育产品信息、科研院校教育信息、信息服务机构教育信息、个人信息等。其中，政府服务机构教育信息一级或二级域名一般是.gov或行政区代码；企业集团的教育信息，其站点通常以.com为一级或二级域名；科研院校信息站点的一级或二级域名一般是.edu或.ac。

再次，根据网络学习资源的语种形式划分，也可分为两大类：中文网络学习资源和外文网络学习资源。其中，外文网络学习资源可以分为英文、俄文、德文、法文、日文、拉丁文、阿拉伯文等上百种类型。在实际应用中，我国的大多数网络学习资源都同时提供了“Chinese Version”（中文版）和“English Version”（英文版）两种版本。网络学习资源的多语种形式，很好地突破了学习资源共享因为语言因素而造成的严重障碍，使网络学习资源真正成为全人类的共同财富和知识力量。

最后，依据其是否有偿划分为免费网络学习资源和有偿网络学习资源。网络上大部分的WWW、FTP、BBS等资源是24小时免费开放的，任何网络学习者都可以免费对其进行查询、浏览、下载、讨论和打印等相关学习活动。免费网络学习资源是网络化学习的主要对象和资源主体，像沪江英语、可可英语、大耳朵英语、在线英语听力室、普特英语听力、无忧雅思等都是国内免费英语学习资源十分丰富的英语教育网站。而有偿网络学习资源是由一些商业化网站或部分商业化的网站所运营的网络学习资源，它作为网络学习资源的重要组成部分，与免费网络学习资源长期共存，互为补充和发展。

资源型学习是网络时代自主学习的重要形式。基于海量信息资源，教学中教师应着重教给学生科学的探究未知领域的方法，使之通过独立学习与主动参与充满挑战的教学情境，通过任务驱动，充分利用信息资源来解决问题。资源型学习模式中学生知识获取的主要途径是情境、协作、会话，而不再是教师的讲授，它主要有人力资源要素和非人力资源要素两大类。

人力资源要素包括：①教师。教学信息传递的任务由现代信息技术高效承担，教师得以充分发挥其创造性，进行信息化教学设计，创设教学资源环境，帮助学生学习。②学生。教学的首要目的就是为学生提供各种机会，使之在获得基本知识的同时，形成独立的学习技能，最终成为适应信息化社会要求的终身学习者。

非人力资源要素包括：①教学材料。它包括印刷型和电子型材料。其中，教师用以创设教学资源环境的电子教案和教学网页发挥着重要作用。②教学媒体。教师尽可能地退出媒体角色，而使用物化手段的媒体，包括视觉媒体（幻灯、投影、印刷的文字材料、图示材料、实物教具与模型等）、听觉媒体（广播、录音、听力实验室、音碟）、视听觉媒体（电影、电视、录像、影碟）、交互媒体（教学模拟机、双向有线电视系统、计算机辅助教学系统等）、多媒体系统（多媒体学习包、多媒体计算机以及近年来快速发展的基于网络和通信卫星的多媒体远程教学系统）等。网络信息作为一种教学资源进入课堂，改变了传统的讲授式教学模式，为学生营造了一个探索与发现的学习环境，提供了丰富的学习资源。学生在教师的激发和引导下，通过对信息的搜集、加工、处理、利用和评价，将相关信息组合起来形成自己的观点，从而获得了自我认知的方式，学会了独立获取和处理信息的能力，发展了良好的个性，提高了识别资源的能力和创造性思维的能力，实现了“学会学习”的目标。

基于网络资源型学习的教学设计过程可分为四个步骤：①需求分析，提出问题；②创设学习资源，收集学习资料；③明确学习任务，组织教学活动；④展示学习成果，进行总结评价。

基于网络资源的P2P学习模式，对英语网络资源的学习利用同样具有实践意义。按照交互分类理论，可以将在网络环境下的学习划分为学生与学习内容的交互、学生与教师的交互和学生与学生的交互三种类型。相对于学生面对学习内容（People to Content，P2C）的学习方式，学生与学生交互（People to People，P2P）的学习方式才是E-learning（电子化学习）的最有价值的体现。P2P学习包含了学生与学生之间的交互合作和学生与教师之间的交互，它们均是以学生和学习内容的交互学习为基础发生的。有效的P2P社会化交互学习能够取得效果有：①实现学习资源的共享；②促进学习方法和信息处理的经验和技巧的交流；③得出高质量的问题教学方案；④促进认知推理能力的发展；⑤促进对他人的认知的理解；⑥促进学生的认知好奇；⑦形成和创造包含实践性知识的新的学习资源。

因此，将学生和教师组建成学习共同体，以精心设计的学习活动为驱动力，实现P2P的社会化交互学习，是解决以上基于网络资源学习中遇到问题的有效途径。教师可以利用体验性的网络资源和研究性的网络资源，构建合作化学习环境并指导学生向P2P的学习环境迁移，建立学习共同体，进行社会化交流合作，从而实现实践性知识和高阶思维能力的学习。开放式的网络学习环境是指采用互联网上提供的独立的网络技术而构建的学习环境，如电子邮件系统、BBS、聊天室、博客、MSN和QQ等，它们为同步或者异步的交互合作学习提供了可能。虽然它们不是专为学习开发的，但是经教师选择和利用，并与学习内容类型和学习活动特点相结合而构成一种自由灵活的学习环境。

二、网络英语学习环境下的学生和教师

在网络英语学习条件下，英语教学法的“学生主体论”由于充分肯定学生的主体性，突出学生在英语教学活动中的自主地位，因此在网络环境下更加得到肯定和彰显。网络英语学习环境为学生自主学习提供了平台，彰显了以“学”为中心的特色。在非网络环境下，学生的学习策略一般由教师安排确立，如应该学习什么、怎样进行学习、在多少时间内完成学习等，都是基于教师的考虑和安排。这样，教师主导作用的发挥忽视了学生主体作用的体现，而且教师越主导，学生越被动。而在网络环境下，学生是学习的主体，知识是学生的自主建构。与非网络环境相比，教学中教与学关系的基础发生了深刻的变化，学生的地位和作用日益凸显，教师已不再处于教学的中心位置，但这并不意味着教师的教

就可以完全抛开，只是这种教学是没有围墙的教学。在网络环境下，教师担负着更加重要的角色，将发挥更大的作用，那种完全排除教师的教学指导并不是信息技术和网络技术条件下的正确做法。网络环境不但没有弱化教师的作用，反而在某种意义上更加强化了教师的作用。由于学生个体对知识把握与对信息选择存在一定的盲目性，离不开教师在一定程度上的技术支持和知识指导，因此，在网络环境中过于强调学生的自主作用是不合适的。在新的教学手段的运用中，教师仍将发挥其重要作用，主要体现为：教师仍然需要对学生传授知识；教师必须培养学生学会使用新技术的能力和控制大量信息的能力；教师要更为注意培养学生的学习兴趣；教师还需要帮助学生确定个体化的学习方向。

在网络环境下的英语教学中，一方面，教师应以引导者、管理者的身份为学生的自主学习提供各种帮助，如辅导学生确定英语学习目标、制订英语学习计划、选择英语学习途径等，引导学生通过自主学习获得成功，坚定学生自主学习的信心；另一方面，教师适当引入传统教学中有效的教学方法，让学生逐步学会并发展自主学习能力，最终顺利地过渡到完全的自主能力。网络文化环境下的教学过程，既是教师不断为学生建构主体学习环境的过程，又是学生不断为自己创建主体学习环境的过程。

相对于学生来说，关于网络英语教学环境下教师角色的定位、功能、特点等方面，我国学者进行了很多的论述，这是因为网络英语研究从创立之时起就将学生因素作为突破口，网络学习中学生角色的转变要快得多、深入得多，而教师角色的转变要比学生花费更多的气力。当然，发表此领域学术论文的大多是教师，他们对于自身的特点也有着更为深入的了解。

试点教学是一种网络增强型教学，即在改革传统教学模式的基础上，通过利用网络资源和工具来增强课程学习效果。它首次尝试让学生在网络环境下自主学习，在教学设计中教师不亲临自主学习现场。试点教学重点研究非现场监控条件下教师对学生在网络环境中自主学习实施的指导、监督和管理。经实验，研究者认为这种指导、监督和管理应达到的目标有：①保证学生上网时间用于英语学习，督促学生完成规定和自定的学习任务；②让学生了解和掌握自主学习的方法，督促学生制订学习计划；③增强学生在自主学习过程中自我监控和评估的能力；④促进学生充分利用网络学习资源；⑤鼓励学生参与网上学习讨论活动。为此，教师可以采取相应的措施包括：①引导学生制订学习计划，选择学习方法；②要求学生填写自主学习报告；③布置网上合作学习任务；④以阶段考试、口语活动和管理模块监督学习过程；⑤组织学习经验的交流讨论等。

更有学者提出了“网络型英语教师”的概念，认为这类英语教师应具备四种能力，即基于媒体技术进行课程设计与开发的能力，基于心理学激励学生学习兴趣和学习动力的能力，基于教育学知识指导学生与教学内容进行有效交互的能力，组织论坛、测试与评价的能力。

总之，网络英语教学环境下教师的指导、监督和管理职责是“教师”要素中最重要的方面。

三、网络英语教学评价

根据评价在教学过程中的作用和功能，教育评价可分为形成性评价和终结性评价。形成性评价是通过诊断教育方案或计划、教育过程与活动中存在的问题，为正在进行的教育活动提供反馈信息，以提高正在进行的教育活动质量的评价。终结性评价与此不同，它是在教育活动发生后关于教育效果的判断，一般与分等鉴定、做出关于受教育者和教育者个体的决策、做出教育资源分配的决策相联系。形成性评价重视对学生学习过程的考查和评估，它通过多种渠道收集、综合和分析学生日常学习的信息，了解学生的知识、能力、兴趣和需求，着眼于学生潜力的发展，不仅注重对学生认知能力的评价，还重视对学生情感及行为能力的评价。形成性评价为学生提供了一个不断自我完善与提高的机会，它强调学生的自我评价与相互评价，让学生在自我评价中不断地反思，并取得学习上的进步。正因为如此，形成性评价给予了学生更大的发展空间，有利于培养学生英语学习的兴趣，增强其学习的动机和自信心。在英语学习方面，由于形成性评价所覆盖的内容是多方面的，因此它有助于学生听、说、读、写各项技能的平衡发展。

评价问题是英语网络教学质量管理的核心问题之一。因此，网络环境下组成学业成绩的基本内容应包括以下方面。

（一）学习态度

学习态度可以体现和衡量学生自主学习的情况，这正是网络教学的主要特征，反映学习态度的主要内容应该有：①个人学习计划的制订；②除网页文字教材之外的其他学习媒体的选择；③参加该课程必要的面授辅导情况；④自主学习笔记和听课记录；⑤参加学习小组讨论和网上学习情况的记录。

（二）平时作业

平时作业是教与学过程中的质量控制杠杆，是反映和检验学生在学习过程中所付出的努力程度的标志。平时作业的主要内容有：①基本概念的理解；②基本解答技能的训练；③综合知识的运用。

（三）课程考核

课程考核与传统学习评价的内容相似，是定量评价的一部分。网络环境下的学习评价必须充分重视网络环境的功能及其对教学系统各要素的相互作用，既要有个别评价，又要有整体评价。要探索个性化、多媒体化、网络化、智能化的学习评价和考试模式。例如：开展形成性评价和诊断性评价；制定形成性考核成绩评定标准；确定平时学习态度与平时作业的权重；根据评价目的和标准制定评价指标体系；多媒体网络教学和非多媒体网络教学进行比较性评价；等等。

基于网络的学习模式是以自主学习为主要方式的学习模式，因此对于教师来说，掌握和检测学生的学习效果是网络英语教学的重要方面。我国学者贾国栋总结出了基于网络的英语教学中，英语学习的 5 种评估原则和 12 种评估方法，这些宝贵的经验非常值得推广。

5 种评估原则：充分信任学生原则、培养独立评测原则、鼓励学生互评原则、网上师生互评原则、反馈信息丰富性原则。

12 种评估方法：网上小测试、网上小作文、电子档案夹、在线能力展示评估、在线口语面试、网络日志、电子邮件、反思性问题、反思性短文、学生的参与度记录、同学互评和自我评估。

第二节　网络环境下大学英语教师教学模式与方法创新

一、网络英语教学模式创新

网络环境下的英语教学可以根据信息技术手段来组织不同的教学形式，大体有以下教学模式。

（一）课堂教学模式

将课堂变成一个既能利用网络环境随时调用各种不同载体的信息资源，又能将自身融入其中的多媒体示教型课堂。

（二）引导、交流模式

教师首先以发展学生的元认知能力与掌握学习途径为目的进行教学设计，然后通过多媒体网络环境将所需的各种多媒体教学素材展现在学生电脑上。学生在教师的组织下，通过计算机创设的情境，与教师和同学进行会话交流、协商讨论、解答疑问；教师仅利用电子白板、电子举手、语音对话、屏幕广播监控等功能，组织、引导学生的学习活动，而不进行详细讲解。

(三) 协作学习模式

学生分组依据教师或自己提出的命题进行讨论和交流。在此过程中，提倡学生运用各种网络应用技术，创造性地收集整理图文信息，设计完成以个人或小组或班级为单位的项目或作业，包括专题发言、虚拟论文、电视小品等，通过在网上发布、交流、讨论，使学生在一个可扩展的、开放的虚拟空间中自我发展其语言交际能力。

(四) 虚拟仿真模式

多媒体技术和仿真技术相结合，创设使学生身临其境的逼真效果，引导学生根据个人志趣适时切入虚拟的国外生活场景中，与各种不同类型的外国人进行模拟交往，以提高他们在实际的语言交往中展示和丰富自我的能力。

以学生为中心的建构主义教学模式是网络英语教学模式的最主要形式之一。在教学内容方面，它强调以解决问题为导向，学习任务应尽可能接近真实情境；在教学环境方面，它要求设计有利于学习任务展开的学习环境，能够支持合作和互动学习；在教学信息方面，它规定学生自己发现、分析和处理信息；在教学过程方面，它强调在学生已有的认知结构基础上获得知识；在教学方法方面，该教学策略强调教师应设计多种自主学习策略，学生的学习策略强调合作式、交互式学习，它要求教师应当是发问者、引导者、帮助者、促进者、协商者、组织者的角色，学生应当是学习的主体。

基于网络环境、以建构主义为指导的英语教学设计思想应结合学生特点进行元认知意识培养，培养学生的自主学习意识；实行学习目标多元化，满足学生个性学习需求；利用网络环境，组织学生自主学习。

网络交互模式和移动模式是网络英语教学模式研究的热点方向之一。

基于网络交互模式的英语教学以互联网为传输平台，利用网络软件工具在师生之间建立一个虚拟的交流空间。网络交互模式又分为同步交互模式和异步交互模式。同步交互模式强调的是授课和听课双方的实时交互；而异步交互模式强调的是授课方和听课方的非实时性交流。

在基于网络的远程教学领域中，同步交互模式下的英语教学既可以是基于语音和影像的实时互动形式，也可以是基于文字的在线交流形式。无论是哪种形式，都强调授课方与听课方的实时交互性。要实现同步交互模式下的英语教学，可利用实时交谈工具软件（如 Skype、QQ 等）形成一个虚拟的师生交流空间，教师和学生之间通过语音、视频或文字信息来进行实时互动和双向交流，而交流效果与现实中几乎没有差异。网络交互模式特别适用于远程英语教学。异步交互模式的英语教学也是基于语音、影像的互动形式，或者是基于文字的交流形式。所不同的是，异步交互模式强调授课方与听课方的非实时交互性，师生之间或学生之间的交互在时间和空间上具有极大的灵活性。要实现异步交互模式的英语教学，可通过电子邮箱、BBS 等信息服务系统，为师生之间搭起一个非实时交流的桥梁。通过电子邮箱系统，学生可向教师提出问题，教师为学生提供解答。教师与学生之间、学生与学生之间可通过 BBS 进行主题讨论和交流。

移动学习模式内容主要是指教学时空是不固定的；学习依赖于便携式的可移动学习设备；具有交互性或学习内容的自主选择性。要进行移动学习模式的英语教学，针对不同的移动学习设备有不同的实现方法：①针对平板电脑或智能手机等设备，可通过 WAP（无线应用协议）来访问英语教学服务器，实现对英语教学信息的无线浏览、查询和实时交互。服务器端的课程材料可采用 HTML（超文本标记语言）来编写。②针对笔记本电脑，可通过无线网络和 HTTP 协议来访问英语教学服务器。③针对 MP3/MP4 播放机，可通过网络下载或专门制作的英语视频、音频或文字材料来进行英语学习。鉴于智能移动设备如智能手机、平板等具有存储空间的无限扩展、普及率高、学习的自主性强等特点，以及在英语学习中的实践优势，基于智能移动设备的移动学习模式将在相当长的时期内有着很强的生命力。

1. 网络环境下大学英语教学模式

国内教师和学者对网络环境下大学英语教学模式进行了深入探讨，提出了许多有价值的观点，总结出了多种教学模式。

（1）自主学习模式

即以人本主义和建构主义理论为基础，运用认知重组教学的原理，引导学生积极建构和转化知识，利用课余时间进入网络课程进行自主学习的形式。当前，我国许多大学英语课程都存在课时少、班型大等问题，网络自主学习模式的构建恰好可以弥补这一缺点。这种模式不受学习时间和地点的限制，因此可以培养学生较强的独立性和主动性。

（2）合作学习模式

其基本理念包括教学目标的导向性、教学形式的多样性、学习氛围的自然性以及教学各要素之间的互动性。在网络教学环境下，教师可以把不同层次的学生搭配成学习小组，指导他们围绕某一学习材料，按照教学目标要求进行相互讨论、相互评价等小组合作活动。学生可以通过BBS讨论区、QQ、微信、留言板等方式与本组成员进行交流，实行一对一乃至一对多的交流，让学生在轻松愉快、合作竞争的良好环境中共同进步。

（3）讲授型教学模式

即按照“以教师为主导、以学生为主体”的教学原则组织教学。这一模式把学生看成学习的主体，教学内容不再局限于指定的教材，而是包括了与学习主题相关的所有网络资源、多媒体课件和音像材料等。

（4）在线交互学习模式

强调学习过程不仅是信息量的积累过程，还是认知图式的建构过程。该模式主要利用电子布告栏、电子邮件等进行人机互动、师生互动和生生互动的交流。在线交互学习模式是网络教育的重要途径，它可以分为实时和非实时学习模式、单向学习模式和双向交互学习模式。

2. 大学网络教学模式设计环节

对于大学英语多媒体网络教学模式应该按照以下环节进行教学设计。

（1）教学目标分析

学生要根据自己的实际情况，构思完成教学目标的方法与手段，通过学习操作实践去实现教学目标。教师提出的教学目标的难度应以大多数学生能通过为宜，并应具有层次性，以适应不同程度的学生。

（2）创设真实情境

教师要帮助学生分析自身的知觉、记忆、思维以及动机、经验、情感等因素，利用教师电子邮件答疑管理系统，通过实时模拟双向答疑、视音频文字一体的多媒体、BBS讨论区、教学内容的网上交流等多种途径，实施教学计划指导下的非实时自主学习，有效地促进其朝着个性化学习、自主式学习方向发展，使学生在因材施教、个性化发展的过程中完成提高语言水平的实践。

（3）协作学习

在网络学习环境下，学生面对面地进行实时在线语言交流，或通过多媒体网络进行实时的文字交流的“协作学习”，使得每位网络资源提供者和获取者的思维与智慧将被整个网络学习群体所共享。在学生与教师的协作过程中，学生获得教师的帮助，教师获得学生的信息反馈。协作学习也可在两个以上的学生之间进行，既可有组织地进行，也可直接面对面地或通过BBS论坛进行。

（4）意义建构

学生要在学习过程中，通过各种不同形式获得的各类不同信息形成自己的学习体会或研究成果，并且以文字材料、视听媒体、影音资料、多媒体课件和主页等多种形式将成果具体体现出来，以汇报学习成果并进行总结评价（包括学生个人的自我评价、学习小组对个人学习的评价及教师对学生的点评等）。

二、网络英语教学方法创新

（一）网络环境下的视听说、口语教学

多媒体网络教学模式是提高学生英语听说能力的有效途径，尤其对于提高中等及以下水平学生的听说能力及高水平学生的口语能力效果更为明显。

网络环境下英语视听说课程是以学生自主学习为主、教师指导为辅的新型教学模式，其优势表现在以下几个方面。

第一，自主学习模式体现了以学生为主体地位的教学新理念，并为学生提供了良好的个性化学习方式。学生可以灵活安排自己的时间，在规定的学习任务内以自己认为适当的进度进行有效学习，变被动式学习为主动式学习。同时，多媒体网络技术所具有的功能可以充分开发学生的视、听、说能力和联想能力，使学生从多方面受益。

第二，以自主学习为主的教学模式能节省出宝贵的课堂时间。教师可以更有效地利用课堂时间对学生进行与教材内容相关的语言或听说技能的要点指导，介绍与单元内容相关的语言文化背景，组织学生开展形式多样的口语活动，在有限的课堂时间里更好地发挥其引导和指导作用。教师的角色能真正由课堂主导者转变为学习促进者，使课堂有限的教学时间得到优化。

第三，自主学习有助于促进学生的自我管理。学生每个单元上机学习的时间、进度和成绩都有详细、及时的记录和显示。此外，自主学习系统的结构设计要求学生必须完成规定的重点学习内容，学生在自觉或不自觉地完成整个预设学习任务时，无形中被引导着完成每个必要的训练环节、每个单元和测试，直至完成课程规定的所有内容。

第四，在多媒体网络环境下，学生会更专注于所学的内容和任务完成的质量，而不会担心是否会因犯错而“丢面子”。

第五，多媒体网络环境下，强大且丰富的教学资源库能够为每个学习单元提供真实的语言运用情境的影像资料，这对学生语言的习得和语

感的培养有很好的促进作用。

多媒体网络环境下的自主学习对学生的自学能力和学习自觉性要求更高，缺乏自我控制和自我管理能力的学生有可能通过投机而回避学习，或临到考试时突击学习。有时，在此环境下的“回头”复习功能得以减弱。

新闻听力教学是英语技能训练的重要组成部分。利用多媒体网络信息技术，英语新闻听力教学效果可以实现质的飞跃。许多英语教师和研究者提出了自己的英语新闻听力网络教学系统的设计方案，此领域的成功案例有西南财经大学所建立的基于网络的英语新闻听力教学系统。

在该系统框架下，教师管理系统包括电子点名册、语料库管理、学生成绩管理、讨论区管理、在线课堂管理等模块。其中，在语料库管理中，教师可利用系统提供的扩展功能向语料库中随时添加最新的新闻材料，从而保证听力材料能跟上时代和文化的潮流。学生学习系统包括新闻背景导读、听力训练、在线课堂、学生讨论区、辅导答疑、在线测试等模块。

在英语新闻听力网络教学系统中，学生是主角，学习系统可以帮助学生根据自身需要进行有目的、有步骤的听力训练，在听前做好充分的准备，在听后进行及时的总结，并通过讨论发现和解决疑难问题；教师通过教师管理系统在教学过程中分配学习任务或添加新的学习内容，组织讨论或辅导答疑，并对学生的学习表现予以评价，从而形成一个真正以学生为主体、以教师为主导的听力教学闭环模式，提高学生的自主学习能力。新闻听力网络教学系统的训练模块可以充分发挥网络教学的优势，满足精听与泛听、读与听相结合的学习需要。

精听训练可以帮助学生深入新闻内部层面，它要求学生详尽地理解所听的新闻内容。而新闻泛听则意在多听的基础上积累和扩充词汇量、熟悉新闻结构。系统所提供的泛听训练模块不但可以满足精听和泛听相结合的学习需要，而且把读与听结合起来，能达到阅读和听力相互促进、相互提高的效果。同时，系统具有机辅阅读的功能，系统能提供不同的阅读速度，如快速阅读模板可以帮助学生以短语和意群为单位，培养流畅的阅读习惯，有利于学生从结构上把握新闻篇章。广泛地阅读能使学生增加词汇量，了解新闻背景和新闻报道的句型结构和篇章结构，克服新闻听力理解中的两大障碍——新闻词汇和句法结构。学生在有计划、有步骤的训练中，其听力水平得到大幅提升。

基于网络的口语自主式学习是口语教学的必然趋势。有学者提出基于语音博客的大学英语口语训练和研究网络平台设计，并进行了相关实证研究，探讨了语音博客在大学英语口语训练中的有效性和可操作性。该网络平台以互联网为大环境，以网络资源库为依托，以教师博客为中心，以教师布置的口头作业为主要内容，形成了一个师生之间、生生之间相互交流、真实自主的开放式英语口语交流平台。具体学习流程是：教师将口语作业贴在自己的博客里，学生进入教师博客获得作业信息，然后通过教师博客里的虚拟录音设备，直接录下自己的口头答案，贴到教师的博客里，同时也可以贴到自己的博客里。批改口语作业时，教师在博客里进行口头反馈或书面反馈。教师可以直接在自己的博客里贴上大量真实的音频、视频或者某个英语教学网站的链接，运用网络资源布置课外口语作业。此外，学生可以通过网络资源库或互联网了解到某些热点话题，自主发起对这些话题的讨论，录下音频，学生之间可以随时进入对方的博客留下口头或书面评论。

基于现代网络通信技术并深受大学生欢迎的QQ网络通信平台和微信社交平台所提供的实时在线交互式功能，为创新传统英语口语教学手段和拓展英语口语教学的时间与空间提供了一种新的可能性。

（二）网络环境下的写作、阅读教学

写作教学始终是国内基于网络环境的英语教学具体教法的最主要研究方向之一，这从中国知网（CNKI）学术论文检索数据中即可验证。我国英语教师设计了各种基于网络资源和网络环境的大学英语写作能力培养模式。有的学者、教师从人本主义教学思想、“输入假设”理论和支架理论出发，提出了自己的培养模式。这种模式重在选择合适、够量

的语料建立一个写作教学平台，然后进行方法论教学和提供充足的语言信息输入，同时注意克服学生的英语写作心理障碍和鼓励学生之间的共同合作和研究，最后运用有效的标准进行评估。具体实施步骤有：①进行数据挖掘，建立相应的写作训练库、写作语料库或利用现存网络语料库。②加强语料库驱动的写作方法教学。③对学生进行“阅读—模仿—创新”的自主训练。④对学生进行学习心理和学习动机教育。⑤对学生进行写作评价。

还有的教师和研究者开发设计了大学英语写作网络教学系统。具体措施如下。

1. 建立在线写作教学系统

改进“一稿定终身”的作文教学模式。该系统开辟了写作常识、策略指导、作业公告、佳作欣赏、参考资源和写作论坛等栏目。

2. 实施写作策略训练

首先，通过日常写作策略知识讲解，培养学生自主写作的意识和能力，监控和管理自己的写作过程，使其日常写作有目的、有计划、有方法。其次，借鉴过程写作法理论，在写作策略训练中遵循写前启发、写作成文、修改润色三步走和有序交替进行的原则，尤其是加强学生写前阶段的写作策略培养。策略训练分为随堂策略训练和课下指导，包括网上指导。

3. 建立小型范文库

根据学生的实际水平和需要，建立一个开放的、可以不断扩充的英语写作教学资料库，以辅助加强现有的写作教学系统。资料来源分为网上资源和学生资源。

4. 采用动态综合评估法

动态的写作过程必须有动态的写作评估机制相互配合、相互促进，如此，学生的写作动力才能得以维持。

为了验证该写作训练平台的使用效果，研究者们进行了为期两个学期的对比试验。试验班采用在线英语写作教学系统，对比班由教师采用传统写作教学模式实践。利用SPSS统计软件将两个班学生在写作教改前后的写作成绩进行对比分析，并检验了试验班内部水平不同的学生在英语作文成绩进步方面的差异情况。实验数据表明，两个班学生在英语写作方面均取得了一定的进步，相比之下，试验班学生在英语写作方面取得了更为显著的进步；而在试验班内部，高水平学生与低水平学生相比，前后测试成绩都显示出较大优势，因此高水平学生是该写作教改实践的更大受益者。

利用互联网辅助英语写作的学习也是提高英语写作能力的有效、新颖方式之一，其活动形式可以有和网友的电子邮件交流、参加讨论组和网上发表，网上有一些讨论组可以给学生提供参加跨文化交际的讨论，学生可以借此进行写作练习，如由国际EFI/ESL教师创办的国际电子邮件讨论组、国际写作交流项目是专门为全球学生准备的练习英语写作的园地，参加此项目的学生可以将文章通过电子邮件寄给网友，收到他们和教师的反馈意见。教师可组织学生办一个班级网站/网页或电子杂志，这样就可以将学生写的作品发表在上面。

利用电子邮件进行英语写作教学已成为世界各地教育界在网络环境下较为普遍的教学方式。与传统写作教学相比，电子邮件辅助写作教学具有以下优势。

第一，电子邮件辅助写作便于进行多种多样写作风格的教学。电子邮件本身风格多样，它既可以是以口语交流、即兴发挥、维持社会关系为主的寒暄语、问候语、应酬语，也可以是正式的书面语风格。学生写作时既可以随机交流、不拘一格，也可以构思草稿、反复修改后通过电子邮件交流。

第二，电子邮件的写作环境更能体现现代写作理论所倡导的写作过程，即对写作成品的分析、对写作过程的研究和对写作背景及功能的分析。

第三，国内外许多实验表明，电子邮件辅助写作教学优于传统写作教学。大部分情况下，在电子邮件写作交流中，学生都在进行真实的、积极的、具有现实意义的实践活动。

进行电子邮件辅助写作教学时，教师可采用在线和离线相结合的方法，在线是教师在网上当场批阅，与学生交流、修改；离线是教师将学生的草稿、修改稿存入邮箱，日后对其分析研究。教师可在网上组织学生写日志。学生自选题目，教师从中选出具有代表性的内容，通过新闻组，将它们整理并编辑成班级共享日志，再发给所有的同学讨论。教师可组织同学合作写作。学生分组，一起讨论提纲，再分写，最后由专人负责定稿，这样就增强了学生的参与意识和合作意识。

利用语料库提高英语写作水平的问题同样引起了我国学者和教师的关注。他们认为，计算机辅助英语学习方式的出现正在改变着写作课的教学方式，从注重结果转向更加注重过程，从注重教师对作文的评改转向学生之间的独立的合作性学习，如小组讨论、相互提出建议和反馈意见、同伴评价修改文章等。具体来说，在写作教学中，语料库的作用主要体现在两个方面：第一，教师可以检索一个语料库，根据语料库的内容搜集写作素材，如特定语类中最常用的词汇、句式结构等，便于更好地组织教学。第二，教会学生使用搭配检索，自己学习使用语料库。

基于语料库的语言数据具有输入质量高和输入数量大这两大特征，所提供的语言数据都来源于真实的交际活动，为一定的交际目的而用，语言材料属于自然语言。因此，语料库可以成为语言研究和教学的重要素材来源。语料库还可成为分析作文的高效工具，学生把作业以电子文本的形式提交，教师只要对提交的作业进行语料分析，就可以得到可信的实证材料用于科研和教学。教师只要把数据库的文本导出，即可利用语料库索引软件对学生的作文进行分析，很容易得出实证的语言材料，发现自己教学中的不足及学生易犯的错误。语料库还可以提高作文测试绩效，借助语料库对学生中介语的分析，教师能更好地了解学生写作中的问题与薄弱环节，有了这样一个反馈，就能更有效地改进教学。平时测试中也可从学生最为迷惑、易出错的地方入手去测试学生的知识掌握情况。除了作文外，教师还可以分析现有的试卷，提高命题的效度和信度。

在基于语料库的写作教学中，教师不仅对学生传授知识、培训技术，还要指导学习，以驱动整个学习过程。针对不同的学生提供不同的指导和学习材料，充分体现个性化这一特点。教师对学生进行语料库使用等方面的计算机技术培训，从学习经验、学习过程、语言学习内容等方面对学生进行指导，以便使他们能更好地借助语料库这个平台进行英语写作，实现课内与课外、人机交流与人际交流相结合。对于学生来说，通过语料库学习语言，学生会感到自己在进行一种探索、发现和归纳。采用语料库辅助作文教学，学生会自主地探索语言规律。教师要培养学生问题意识，鼓励学生自己发现问题，不断要求学生带着问题去使用不同的语料库，并从多个角度去比较分析语料。此外，在线写作的同伴评价可以增强学生在写作过程中的读者意识，有助于启发思维，提高组织结构能力与语言水平，对于他们整体把握英文写作大有裨益。

针对英语阅读课，我国英语教师也对网络环境下的阅读教学进行了探讨，提出了多种新环境下的教学模式，如利用互联网资源改进英语阅读课教学、开展基于网络的英语阅读课的研究性学习、开设网络阅读课程的实践等。

将互联网资源整合进英语阅读教学的实验和课程设计实验是有其特殊意义的，它将在一定程度上改变教师授课和学生学习的方法。然而，在利用这些资源时，必须将学生需要、教学目标、网络所提供的资源和限制条件等因素考虑在内。研究人员对利用网络资源进行阅读教学进行了探索，实验对象是大学师范英语专业三年级的学生，人数为 30 人，他们对计算机的基本技能和网络技能有基本掌握。该实验课程设计的重点是培养学生的英语阅读能力，同时培养学生对网站内容的评价、鉴别能力。实验依托一个教育网站，其语言难易程度比较适合大学三年级学生的英语水平。教师按照“选定网站，建立认识—提供引导和目标—依据学生回答提供对应方法—完成学习任务，演示成果”的步骤进行教学实验。教学实验结果反馈：①在学习动机上，网络有效地调动并保持了学生的学习动机；②在对计算机辅助语言教学的认识上，对学习的促进较大；③在学习的结果上，智慧技能、认知策略和人际关系取得了全面发展。此种教学方式和传统的英语阅读课有明显的不同。在这种学习方式下，教师和学生的角色发生了很大的变化，教师不仅是知识和能力的传授者，还是学生学习的指导者、组织者、促进者。教师为学生提供了学习的材料，通过提出问题的方式引导、组织学生展开学习活动，彻底改变了传统的以课本为主的教师讲、学生学的教学模式。

当前，在不少英语专业的阅读教学中，还存在着在课堂上以教师讲授为主的弊端。在许多常用的阅读教材里，强调了词汇理解、语法分析等内容，而对学生的阅读速度、概括能力、评价能力等方面的培养还是重视不够。在新模式下，学生学习的方式发生了变化，学生的阅读是带着任务去学习的，学生的阅读能力得到了全面训练，特别是往常被忽略的浏览能力、略读能力、判断主题句的能力、预测能力、快速阅读能力和评价文章的真伪能力等得到了明显的加强。

在英语阅读课教学中，采用基于网络的研究性学习模式不仅在很大程度上改变了采用单向传播的传统做法，还具有更多的协作性、自主性、开放性和创造性。例如，某大学本科三年级非英语专业的《英语选读》课进行了基于网络的研究性学习的实验。课程采用英语原版教材 *Developing Reading Skills*，教学目标是通过网上阅读，练习快速阅读技能和阅读理解技能，并在此基础上写出英语作文。所采取的方法是：①将学生分小组进行 1～2 轮网上小组讨论，形成研究性专题；②每个学生按各自小组专题，综合概括写一篇有一定字数要求的英语作文；③小组代表演示主题，介绍作文形成过程和教师讲评。此外，还有一些辅助程序，如课前预习、收集资料、制作演示稿、完成课后练习等。与以往的教学相比，基于网络的阅读学习更多地让学生进行自主探索、发现问题、解决问题，它强调在理解的基础上综合概括，写出内容充实、论据充分的作文。这不仅为学生开创了英语学习的环境，帮助他们提高快速阅读技能和阅读理解技能，还锻炼了学生写、说、听等能力，也使学生的视野不再局限于书本知识，培养了学生的创造性思维。

多媒体网络环境下，培养学生的英语自主阅读能力训练是基于网络的阅读学习的重点推进方向。多媒体网络环境下自主阅读型教学法能构建学生的主体地位，使学生能在教师的引导下创造性地自主学习，也可以将自主阅读教学贯穿教学活动的始终。

随着对英语自主学习能力的不断强调，网络阅读作为一种新生的“学习事物”被提了出来。互联网上电子杂志、外文报刊、虚拟图书馆、数据库、网上广播、影视资料以及专门的英语教学网站提供了丰富的教学资源。电子邮件、MSN等通信方式以及微信等网络社交平台，可以实现学生之间的便捷交流。另外，不同程度的学生各取所需，可以根据自身水平选择适当的学习资料，使他们在不同的基础上得到最大的学习成效。

网络阅读课程可以给学生提供丰富的语言情境，有助于学生学习地道的英语。英语网络阅读课程可以按这样的步骤设计：①建立学习资料库；②资源共享和关键词搜索；③学习信息的交互与反馈。在网络阅读课教学中，教师不仅扮演着教学者的角色，还充当着指引者、资源建设者、活动组织者、监督者和检测者等角色。教师应为学生进行必要的网络搜索技巧培训，选择适合学生水平的资料推荐给学生阅读，并培养学生对网站内容的评价、鉴别能力。在网络阅读中，教师还应该根据教学目标来组织各种教学活动，如对网站内容、学生作业进行小组讨论、评价等活动，以活跃课堂气氛，加强对所阅读材料的理解。教师还应及时对学生的阅读结果进行检测、评价，为学生的作业提供反馈信息。

（三）其他

交际法始终是英语教学的最主要教学法之一，在多媒体和网络环境下如何贯彻交际原则也是我国英语教师所关注的问题。有英语教师从课程教学过程中挖掘了具有启发意义的现实案例，将整个教学过程分为两个紧密相连的周期——课堂内周期和课堂外周期。前者内容包括：开启主题；采访活动；课文阅读和主旨归纳；提出问题分组讨论；教师总结；等等。而后者是网络环境下交际教学法的实践应用重点。课堂外学习周期所设计的任务和教学过程如下。

1. 明确任务内容

活动以小组为单位进行，活动内容包括两个部分：个人任务和小组任务。个人任务为浏览相关主题网站并归纳问题，通过社交网站或网络电话、语音聊天工具采访以英语为母语的人士。小组任务是在个人阅读和采访的基础上，小组确定一个明确主题，提供可能的解决方法，并在课堂上展示。这样的任务设计使得学生通过听、说、读、写等方式和外界进行交际，从而获得信息，解决问题，完成任务。

2. 完成个人网络交际任务

学生交际任务的完成在课堂外进行，教师应以电子邮件、电话、见面等方式及时地给予指导和帮助，同时鼓励学生之间相互帮助。

3. 小组协作学习

个体之间可以采用对话、商讨、争论等形式对问题进行充分论证。学生学习中的协作活动有利于发展学生个体的思维能力，增强学生个体之间的沟通能力以及对学生个体之间差异的包容能力，从而更为全面地培养学生的交际能力。因此，组员之间的顺利交际是协作学习成功的关键，教师要对学生的活动进行监督和检查。

4. 效果评价

教师对各小组以及成员对小组的贡献分别打分。

人们对阅读、写作、视听、口语等基于网络环境的教学法研究较多，但对于综合英语（即通常所说的“精读”）的探讨较少。究其原因，英语精读课的教学层次差异较大（低、高年级）、教学训练形式较烦琐、网络资源较少等都制约了网络环境下对精读教学的研究和应用。尽管如此，英语教师对此仍做出了一定尝试，如在多媒体网络教室实现高级英语的网络交互模式的教学。该模式下的网络交互方式有以下三种。

（1）学生与计算机之间的交互

多媒体网络系统根据学生已有的认知结构特点设定问题，让学生带着疑问学习、探索，并且设置情境，提出假设，提示各种可能，将解决问题的各种思考过程装入教学程序中，引导学生寻求解决的思路和方法。学生成了学习的主人，其学习主动性和自主性得到了极大发挥。教师对学生的学习进度进行系统监督。但此种方式的人机口头对话方面以目前技术水平还不能满足要求。

（2）学生之间的交互

学生围绕当前学习的主题讨论交流，形成各自的判断，表达自己对问题的理解以及解决问题的不同思路，相互分享各自的想法，相互答疑、争辩和评价，相互合作解决各种问题。这样，多媒体网络将个别化学习、集体教学、合作学习等多种学习模式巧妙地结合起来，多途径促进学生创造思维的发展。学生还可进行分组学习，组与组之间进行学习竞赛、问答等。教师充当组织者、指导者和帮助者，对讨论内容不进行详细的讲解，只是引导和控制学生的学习活动。

（3）教师与学生之间的交互

多媒体网络高级英语的教学对教师提出了更高的要求，教师对学生的指导可采用屏幕播放、屏幕监控和个别辅导的形式进行。

网络教学模式能够将学习知识与培养能力有机地统一起来，将高级英语课程中对英语综合技能的培养融入以建构主义学习理论为指导的新型教学环境下。网络交互模式可用于高级英语教学的以下方面。

第一，语言文化知识的学习。将教室多媒体网络环境与互联网相接，更能发挥出网络教学的优势。

第二，语言知识的综合训练。高级英语多媒体网络教学在培养学生综合运用语言的能力方面具有很强的可操作性，它可以较真实地模拟语言环境，充分调动学生听、说、读、写各种语言技能。多媒体所特有的虚拟现实技术可以在多媒体网络教室创设与所学内容相似的情境，学生可以在此环境下进行虚拟仿真训练。

第三，教学效果的检测。计算机辅助英语测试从单项语言项目的测试发展到人机互动的语言能力测试，至今已相当成熟。对学生个别化、自我构建的学习进行课堂上及时、适量的测试，既可提高学生的紧迫感，提高学习效率，也便于教师及时诊断教学中的薄弱环节，从而进行调整。

还有的教师对网络环境下的英语词汇学习提出了自己的方法。例如，从语言学习中“输入”的角度，可以采取这样的学习策略：①利用多媒体和网络增大输入量（可以利用语料库、搜索引擎、多种便携电子设备等）；②调动多种感官参与，拓展输入渠道（特别是英语学习网站的各种游戏、视听材料等）；③充分挖掘无意记忆的潜能（如 Flash 动画、某些特殊软件等）。从“输出”的角度，应增加语言输出的量，注重输出参与的程度，如利用聊天工具输出语言，发挥博客的作用，利用手机和电子邮件等。

第三节　网络环境下大学生英语学习模式的创新

一、网络环境下的英语学习行为

网络环境中的英语学习行为是网络学习的典型形式之一，它具有网络学习的通性。在网络环境下进行的学习行为可以概括为以下三种相互紧密联系的基本类型。

（一）信息搜集加工

网络提供了功能强大的、集成性的信息媒介。对信息资源的搜集和加工是网络学习活动的重要形式，具体包括三种主要类型：①基于课件的信息获取。学生在线访问和下载网络课件，学习提供的结构化的内容，按照其中设计的交互方式来参与网络化的教学和培训。②基于资源的学习。学生通过查找和阅读大量的资料来进行学习。在基于资源的学习中，教师首先给学生明确一个主题，然后学生根据这一主题在可利用的资源中展开调查，搜集信息并进行分析处理、整理和共享。比如，来自不同地区或国家的学生和教师搜集和对比各地的民间故事、民间笑话、节日习俗、谚语等，而后对比分析各地的文化差异。学习资源既可以是书籍文章，也可以是音像材料、电子数据库、网络资源或者其他的数字化资源。学生、教师所进行的网络信息搜集和加工活动不仅有利于实现高效、主动地学习，也可以服务社区的发展。③创建共享数据库。学生可以围绕特定的问题进行调查、研究，获取有关数据，建立网上共享数据库，进而对这些共享数据进行处理分析、学习。

（二）交流学习

利用网络工具进行人际沟通、交流和合作是网络环境下的一类重要的学习行为，计算机媒介通信可以作为功能强大的人际互动工具。在教学活动中，师生之间可以借助网络工具进行沟通交流，学生利用BBS、电子邮件等进行主题研讨和交流，或与学科专家及其他相关人士进行交流。而且，利用计算机支持的协同工作（CSCW）工具（如共享白板、MOO/MUD等）可以实现学生的网上远程协作学习以及教师之间的协同工作。

网络可以支持当地学生乃至世界范围内的协作学习，创建各种主题的学习共同体（或称为“学习社区”）。所谓学习共同体，即由学生及其助学者（包括教师、专家、辅导者等）共同构成的团体，他们彼此之间经常在学习过程中沟通交流，分享各种学习资源，共同完成一定的学习任务，因而在成员之间形成了相互影响、相互促进的人际联系。这种学习共同体使学生和教师广泛地参与到合作活动中，不同国家和地区的学生还可以进行跨文化的沟通合作，既有利于提高学习效果，也有利于学生对于多元文化的理解。

计算机媒介沟通工具大大扩展了参与沟通的成员的范围，扩展了理解与思想的广度。另外，对于那些比较内向和容易焦虑的学生而言，网络提供了一种更为适宜的英语沟通工具，可以减少当面对话时的压力和尴尬。而且，网络既可以支持生动的同步交互，让学生能够与身处远方的教师、专家实时交流，又可以实现灵活的异步交互。研究表明，在异步交互中，学生可以在发言之前对自己的想法进行更深入的思考和完善，有利于实现更为深入的讨论、研讨。

（三）任务探索与解决

在网络环境下也可以组织学生进行以解决问题为基础的探究活动。当前，研究者强调要利用网络来支持学生的基于问题式学习、基于课题式学习等，即针对学习目的和内容为学生设计一定的问题、任务，让他们利用网络资源和工具开展探究活动，研究和解决问题，形成探究报告或某种产品，通过解决问题来发展有关的知识理解和思维能力。

开放灵活的超媒体信息表征与组织方式、及时更新的最新前沿信息、各种丰富的网络数据库、便捷的沟通方式等都可以为探究活动提供很好的信息资源环境。网络环境中的搜索引擎、问题解决工具等都可以为探究活动提供有力的认知工具。在这种探究活动中，教师的作用将不再是传递信息，而是为学生设计、创造合作探究的机会和经历，发挥学术向导和学习促进者的作用。

二、网络环境下的英语学习模式

（一）自主学习

自主学习是现代英语网络学习最为关注的话题之一，其相关术语有很多，如 Learner Autonomy/Autonomous Learning（自主学习）、Independent Learning（独立学习）、Learner-controlled Instruction（学习者控制的教学）、Self-directed Learning（自我为导向的学习）等。有学者认为它既是一种学习态度，又是一种独立学习的能力。态度就是一种对自己的学习做出决策的责任，能力就是对学习过程的决策和反思。当然，自主学习的“环境”也非常重要，它为学生自主学习提供了锻炼的机会。语言学习的自主性主要体现在三个方面：①自主学习是一种独立学习的行为和技能；②自主学习是一种指导自己学习的内在的心理动能；③自主学习是一种对自己学习内容的控制。

因此，自主学习既是一种学习策略，又是一种教学理念，同时还是一个教育目标；自主学习是一个长期的、动态的、发展的过程。自主学习对教师和学生的作用有了新的定位：学生具有主体性，教师成为学习的促进者；可把低自主性的学生培养成为高自主性的学生。自主学习与学生的学习策略，特别是元认知策略（制定学习目标，制订学习计划，评估学习效果）密切相关。

基于互联网的自主探究式英语学习方法是目前网络英语学习中出现的新事物，它是指学生在教师的指导下，通过互联网以类似科学研究的方法去获得知识和运用知识的一种学习方法。在英语网络学习中，基于互联网的自主探究式英语学习方法是一种语言学习高级阶段可以采用的自主学习方法，具体可以分为以下几种方式。

1.任务探究式

即教师将问题以任务的形式分配给学生，学生在教师的指导下，利用互联网查询和搜索信息资料，解决实际问题，完成教师分配的学习任务。

2.主题探究式

即学生围绕一个或多个经过结构化的主题，通过互联网进行自主探究式学习。在这种自主探究式学习方式中，主题成为学习的核心，互联网成为学习的工具，而围绕该主题的结构化内容就是学生学习探究的主要对象。

3.目标探究式

即学生在既定的学习目标下，以互联网为工具对学习目标进行探究和落实。学习目标是自主探究式学习的出发点和归宿，对学习起着导向的作用。

英语自主学习法的实践过程中也存在一些问题，如网络手段在英语教学中还未普及、教师对网络的教学监控不足、学习的信息反馈力度不够等。这就要求我们应采取适当的对策，如更新网络环境下自主学习的观念、激发学生自主学习的积极性、提高教师对网络学习的监控能力、在教学评价中注重反馈的作用等。

谈到网络英语学习自主性的培养，我们应当更加关注和研究学生及其自主学习能力的制约因素。自主性受文化背景、学生个体差异等因素的影响，应有不同的形式和程度。学生的个性特征（如态度、动机、学习策略等）制约着其自主能力的发挥，教师只有考虑到学生的个性特征，才能制定出更合理的培养策略，发挥网络优势，使学生逐步适应英语自主学习。具体来说，应该做到这几点：①在学习伊始就使学生明确自己在网络自主学习中承担的角色和任务；②英语网络课程应有助于个性化教育；③激发学生学习动机，培养合作学习精神；④帮助学生掌握有效学习策略；⑤教师保持对网络学习的监控和指导。

（二）合作学习

合作学习在20世纪70年代初兴起于美国，在20世纪70年代中期至80年代取得了实质性进展，形成了一个独立的理论体系，被广泛应用于教学实践，引起了学术界的高度重视。合作学习是以现代社会心理学、教育社会学、认知心理学、现代教育教学技术等为理论基础和实施手段，以开发和利用课堂中人的关系为基点，以目标设计为先导，以全员互动合作为基本动力，以班级授课为前导结构，以小组活动为基本教学形式，以团体成绩为评价标准，以标准参照评价为基本手段，以全面提高学生的学业成绩、改善班级内的社会心理气氛和培养学生良好的心理品质和社会技能为根本目标，以短时、高效、低耗、愉快为基本品质的一系列教学活动的统一。

合作学习就是以学习小组为基本形式，利用动态因素之间的互动，促进学生的学习，以团体成绩为评价标准，共同达成教学目标的教学活动。合作学习对于英语教学有着十分积极的作用。

用于英语学习的合作学习，其优势在于它鼓励并支持有利于英语学习的情感因素：①学生在小组中进行交流时的焦虑程度远远低于当着全班学生回答问题时的焦虑程度；②合作学习促进小组成员之间的情感交流；③在交流中，学生获得更多的可理解的语言输入，同时向其他学生提供类似的语言输出；④小组成员之间的相互合作和相互依赖有助于增强学生的自信心和自尊心；⑤合作学习中，学生得到更多的积极反馈和帮助，从而激发更高的学习动机。

网络环境下的英语合作学习不但具有以上的所有优点，而且拓展了这种学习模式的对象和范围，为它提供了新的环境和途径。互联网络为学生提供了真实自然的语言学习环境，避免了学生过多依赖母语的可能性，使他们突破了课堂英语学习环境的限制，促进了他们随时随地同世界各地的英语学习者、目的语本族语者的交流与沟通，使他们能够直接模仿目的语本族语者的地道表达法。互联网络也有助于培养学生的跨文化意识以及尊重他人和尊重不同意见的社会交往素养，有助于发展学生的分析思维能力，有助于引导学生从相互依赖逐步走向自我独立。基于网络的英语合作学习不仅有利于创造良好的情感环境，还有利于学生在有意义的任务中产出和理解语言，提高英语学习效果，更重要的是它鼓励学生进行高层次的思维技能培养，如分析、解释、归纳和阐述技能。

合作学习过程一般分为参与、探索、转化、展示和反思五个阶段。具体到网络环境下的英语合作学习，有学者提出了相应的合作学习过程，大致可分为组织准备、信息搜集与共享、成果展示和综合评价阶段。

1.准备阶段

受传统教学（以教师为中心）模式的长期影响，学生往往不能迅速适应这种学习模式，因此，教师在开展网络英语合作学习之前，需要对学生进行相应的培训，使学生有机会练习网络英语合作学习中所需的各种技能，培养其相互合作以及交流技能等，在提出学习任务的同时将学生分组，尽量做到小组成员在兴趣、能力和成绩方面各有所长，以保证各取所需，相互受益。小组成员根据任务进行讨论，交换不同意见，最后制订学习计划并进行明确分工。

2.信息搜集与共享

小组成员各自收集信息，然后进行交流，实现资源共享。交流主要通过面对面或电子交流（如电子邮件或网上聊天等）进行。各小组成员一起对所收集的信息加以整理、分析、修改并归纳，最后形成一致意见，所有小组成员的劳动共同形成学习任务的最后成果。

3. 成果展示阶段

每个小组通过网络向班级其他成员展示自己小组的成果并听取其他小组的反馈和建议，然后每个小组针对反馈信息进一步完善自己的小组成果。

4. 综合评价阶段

综合评价阶段是对整个网络英语合作学习活动的一个回顾与分析。学习小组成员相互通过面对面或电子邮件交流分析在该项活动中自己的收获、对小组所做的贡献、同其他小组相比自己所处小组的优势与不足以及完善途径等，教师可以从中发现问题并及时解决。

随着信息技术的发展，基于 CMC 的外语合作学习作为网络英语学习的新兴方向被提了出来。CMC（Computer-Mediated Communication，计算机媒介通信）是指在时间或空间相分离的不同个体和群体间，以联网的计算机为媒介所进行的通信交流。其主要形式有网上资源浏览、电子邮件、公告栏、计算机联网会议、聊天室、论坛等。CMC 的特征和功能包括：①基于文本；②多对多交流；③同步和异步交流；④强大的资源支持和方便的信息获取；⑤支持超文本的信息组织方式。

基于 CMC 的英语合作教学的常用活动有切块拼接法（即成员先分别学习再互教）、小组游戏竞赛法、学生小组成就分工法、集思广益法、小组调查法、合作写作活动等。

（三）协作语言学习

计算机辅助协作语言学习是指利用计算机技术（尤其是多媒体和网络技术）来辅助和支持协作语言学习，它代表了两种趋势的汇合，即普遍渗透于社会的计算机技术与新的学习方式（即协作学习）的汇合。学生以小组形式进行学习，以计算机为工具，为了完成学习任务、达到共同的学习目标而进行合作互助。计算机的使用使学生能够跨越时空限制进行协作学习，具有以往面对面的学习无法比拟的优势。

计算机辅助协作语言学习的特点如下。

1. 交互性

计算机辅助协作语言学习不再是学生的单独行为，而是学生之间的交互行为，而且交互人数可变化（一对一、一对多、多对一、多对多），同步、异步交互均可，而且交互的过程可以记录保存。

2. 协作性

成员通过合作共同完成学习任务，分享学习成果。

3. 学生的角色

学生通过参与小组活动进行主动积极的学习，不断产生自己的想法，并将产生想法的过程反映出来；协作成员在提出建议、相互讨论、争论、做出让步、达成一致的过程中完成学习任务。

4. 教师角色的变化

教师转变成指导者、咨询者、设计者、调解者，教师要掌握的不仅是教学内容和目标的合理安排，更多的是对学生协作情况、学习进程的规划设计。

5. 计算机的角色

计算机技术可以作为个人认知能力的增强物，它是学习伙伴，但它只是一个组成部分。要达到学习目标，产生有意义的学习，离不开教学大纲、教学过程、教师参与、学习活动等。

协作学习的优点是小组成员通过交流和合作能够更深层地学习知识，更长久地保留知识，学会批判性思考的方式，发展寻找并解决新问题的能力，培养社会交往能力，培养对合作成员的情感以及对知识的主动学习的态度，建立良好的社会关系和学习团体的凝聚力。

根据英语网络学习的主要理论，如建构主义理论、认知学习理论和人本主义理论等，我国学者具体探讨了计算机多媒体网络环境下协作式英语学习环境的学习模块问题，认为该模块可分为非实时讨论系统（网上讨论区）与 Mailing List（邮件列表）、教师导学、协作学习和参考资料。

提供英语非实时讨论系统与 Mailing List 的目的是为学生提供使用

英语的虚拟环境，创造学习英语、用英语交流的条件，实现学生与学生、教师与学生之间的非实时互动与讨论条件，以及教师与学生和学生与学生之间相互解答他们在协作学习过程中所遇到问题的条件。

教师导学的主要任务是结合教学内容和教学进度为学生布置协作式学习任务，为学生提供来自学习方面的帮助，如信息服务、学习方法指导等，负责组织、指导和监控学生的学习过程，网上讲评上传的部分作业，以及防止学生偏离预定的学习目标等。

协作式学习的内容应该限定在与课堂单元教学课程有关的主题讨论、问题解答、作文评析和句子翻译批改的范围内，不宜过于扩大。利用网络环境进行协作式英语学习的模式，除了能够有效地延伸和补充课堂教学活动所需的时间外，同时也体现了一种超课堂的效力，可以保证每一位学生都有机会参与课堂教学活动，甚至能让性格内向的学生开口用英语进行交流实践而不影响教学任务的顺利完成，可以为每一位学生批改作文和翻译练习，或讲评所有学生的家庭作业。

参考资料指的是教师为学生提供的为完成各项具体的协作式学习任务所需要的相关语料、资料和为学生提供的学习参考资料来源，如学习网址、查找资料的相关网址等。教师提供参考资料的目的是避免学生在网上漫游，浪费不必要的查找时间，使其能够把有限的学习时间切实用在学习上，同时提高教学设备资源的使用效度。

学者们还提出并论述了大学英语协作式学习过程应包含的几个环节，即任务布置、作业公示、网上讨论与作文评析、问题探讨、上传问题、咨询答疑和任务提交。这一协作学习的教学实践对于英语网络学习的研究与应用具有很好的启发意义。

（四）移动学习

随着互联网技术和移动通信技术的不断发展，英语移动学习越来越受到研究者和使用者的关注。在现代英语教育技术和教学应用领域，移动学习模式逐渐由 E-learning（Electronic Learning，网络学习）发展演变为 M-learning（Mobile Learning，移动学习），国内有学者甚至认为

M-learning代表着中国英语学习的未来。英语移动学习属于广义上的计算机辅助英语教学范畴。国内移动学习的实践还大量局限在校园无线局域网和基于短消息的移动学习阶段，主要提供基于短消息的学习服务，有的成功案例是在移动学习平台上实现了学习英语单词的专用移动学习系统。教育部高教司试点移动教育与实践项目，其研究方向有基于短信的教育平台、基于连接的教育平台、移动计算、移动数据库以及移动站点。当前，移动学习实践中英语移动学习系统开发最为普遍，新浪、网易、搜狐、TOM等大型知名网站都推出了自己的手机短信息或WAP方式的英语学习辅导服务。

当然，英语移动学习系统也存在一些先天性缺陷需要人们注意，如移动学习的终端设备随处移动，这为学生学习英语带来了过度的随意性和不确定性，一定程度上破坏了知识学习的系统性和整体性；学生注意力容易分散，不易保持学习的连续性；学习成本即移动终端设备限制了移动学习的扩容和升级等。针对上述问题，有学者提出了相应的解决措施，具体包括以下几个方面。

1. 英语移动课程设计

英语移动学习的主课件要做到：①与电子教学提纲一一对应，努力细化教学单元；②教学单元间应呈现松散的知识结构，一个教学单元提供一个相对完整的知识内容，学生可以根据自己的忙闲程度适当安排学习；③每一个教学环节与上一个教学环节的依赖关系不能过于紧密，但一定要有些知识关联；④课件设计内容本着移动学习的宗旨，密切贴近学生工作和生活实际，在保证学习动机的前提下提高学生的就业技能。

英语教师要针对关键知识点设计小型学习课件，其作用不仅是传递信息，还要以学生为中心，为学生设计、创造合作的机会，以真实的情境创设合作形式（对话练习、竞答比赛、竞猜谜语、角色扮演、小组讨论等），活跃英语移动学习气氛，丰富学习内容，通过宏观调控使学生成功进行英语移动交际活动。

英语移动学习的课件应当设立分级的电子答疑系统。答疑必须响应及时，经过长期积累的答疑日后可成为该系统的共享模式。

2. 完善英语移动教学的配套措施

应完善移动教学的配套措施，具体包括：及时完善电子教学提纲，扩充电子英汉词典，增加电子课外读物，加强移动教学监控，及时向移动终端设备生产厂家反馈移动英语学习的使用情况等。

有学者认为，英语移动学习最先得到发展的应是函授教育、广播电视教育和网络远程教育，但从近年来的实践来看，大学生用户和高中生用户已成为移动英语学习的主力军之一。可以认为，今后我国英语移动学习人群将呈现出成人、大中学生并增的趋势，未来学生用户必将成为英语 E-learning 的最主要用户。

目前，移动英语学习最主要的学习模式有两种：一种是基于短信的移动学习，另一种是基于 WAP 链接浏览的移动学习。5G 时代的来临为移动英语学习拓展出了极大的发展空间，在该模式下，移动英语学习系统可以实现移动学习者与移动学习者之间的交互、移动学习者与 PC 学习者之间的交互。新型的移动英语学习模式具有更大的优势，可以实现智能化的信息推送、高效的学习和反馈、实时交互和对个性化学习的支持。

第五章　生态视角下的大学英语教学创新

第一节　大学英语生态教学概述

21世纪被认为是生态世纪，生态学的思想被人们所熟知，成为人们生活与工作的新方法。很多教育工作者也将目光转向对生态学理论成果的研究，并将这些理论成果应用于大学英语教学之中，这就是所谓的大学英语生态教学。谈到大学英语生态教学，首先要明白什么是生态课堂，进而分析大学英语生态教学的本质与生态课程的构建。

一、生态课堂的含义与特征

随着环境问题的日益严峻，生态化已成为人类生存和发展的一种趋势。生态学在各个领域都有所渗透，而且“生态”一词涉猎的范围也非常广泛，人们常用其对美好的事物加以描述与界定。

当然，文化背景不同，人们对“生态”的界定也不一样，多元世界的存在要求多元文化的融入，正如“生态”追求物种多样性的理念一样，从而保证生态的平衡性。

“课堂”从广义上说，是进行各种教学活动的场所，其在教师、学生、环境之间形成一种多功能综合体，是一个充满意义与生机的整体，是焕发出生命活力的复杂系统。

（一）生态课堂的含义

生态课堂是以学生为主体，强调关注每一个学生的需求、欲望和意识，兼顾学生的个性发展，通过现代化的教学手段，使每个学生的各种潜能都能得到有效开发，实现教学与学生发展的真正统一的课堂。

（二）生态课堂的特征

1. 整体相关与动态平衡的统一

自然界是一个有机联系的整体，每一个系统都不是孤立的，它处于纵向的各个系统中，也与横向的系统发生着各式各样的联系。平衡与不平衡能够在这些大小系统里流动与转移。课堂是自然界的有机组成部分，是整个生态的一部分，也是一个完整的有机系统。课堂各组成要素之间或自发转移，或被人为推动，促进课堂系统沿着不平衡—平衡—不平衡的方向发展。其中的“有机物”（教师、学生）、“无机物”（环境等）、“气候”（学习氛围）、“生产者”（教师）、“消费者”（学生）之间时时刻刻存在着物质、能量、信息的流动与交换。每种成分和过程的变化都会影响到其他成分和过程的变化，因此，课堂生态系统也沿着不平衡—平衡—不平衡的方向发展着。系统中这种不平衡的存在，使得系统的演进有了动力。系统中对立面之间的斗争通过此起彼落的较量，总是向着更高的景观螺旋式前进。生态课堂把学生作为教育主体，为学生提供一个自由、和谐、富有个性、独立自主的学习生态环境，使学生的认知、情感、态度、价值观整体协调发展，使课堂中的物质、能量、信息的转换沿着不平衡—平衡—不平衡的方向循环往复、螺旋上升，从而使课堂教学效益与生命质量不断获得提升，实现课堂整体与动态的统一发展。

2. 多元共存与和谐共生的统一

人类在对自然的探索、改造过程中，需要始终以一种长远的眼光和宽广的胸怀对待自然界中的万事万物，切忌为了眼前的、局部的利益而牺牲自然界本身的丰富性和多样性，影响生物系统的和谐共生。在课堂教学中也是一样，教师和学生都是具有多样性的丰富个体。多样性是课堂生态系统内在丰富联系性的外在表现。在课堂教学中，教师要承认学生的多样性，允许并保护课堂教学中学生个性的存在。生态课堂应遵循个体的生命发展规律和原则，促进学生的生命更加完整、和谐，体现教育本质的回归，使师生在丰富多样的环境中共同发展，实现多元共存与和谐共生的统一。

3.有限性与无限性的统一

学生作为独立的自成一体的生命，有着自身的发展规律和特点，学生的发展不仅要全面、个性化，还要做到可持续、终身化，无限度地对学生进行枯竭性的智能挖掘就如同对地球资源进行毁灭性利用一样，是十分危险的。同时，就人的认识而言，学生的认识发展潜力是无限的。人的认识过程是一个辩证否定的发展过程，知识是一种可以重复使用且不会损耗的无限资源和无污染资源，伴随着学生生命的成长，学生的认知也在不断地丰富和发展。因此，生态课堂教学中，教师既要遵循学生的认知规律，也要不断促进学生新的认知的生成，实现课堂教学中知识的有限性与无限性的统一。

二、大学英语生态教学的本质

教育要以人为本，因此大学英语生态教学也应该这样。人的生命发展具有多元性，而学生个体的发展具有多样化，包含身心和谐的发展、个人的求知欲、与他人和谐相处的能力等。

但是，学生个体的发展不能以牺牲他人为代价，因为教育面向的是全体学生，所以要兼容并包。对此，大学英语生态教学的本质就在于通过物质、能量、信息等转换对生态课堂产生影响，为学生的成长创造条件。可见，大学英语生态课堂本身是一个良性循环的过程，是物质、能量与信息的转换，不仅能促进学生身心健康成长，还能促进社会的可持续发展。

三、大学英语生态课堂的构建

（一）创设和谐的课堂环境

对于师生而言，课堂是他们演绎生命意义的舞台。和谐的课堂环境，是师生能够自由成长的基础与前提。生态课堂的构建，不仅涉及物理环境的创设，还涉及文化环境的创设。

1. 物理环境的创设

大学英语生态教学中，生态课堂的物理环境是由自然环境和一些教学设备构成的，自然环境包含光线、噪声等，教学设备包含教室布置、书桌布置等。这些环境在课堂教学互动中有着不同的生态意义与功能。

(1) 合理的光照

在课堂中，光线对学生有着重要影响。如果光线太弱，学生在学习时就会产生视觉疲劳，甚至产生厌倦心理；如果光线太强，就会使学生受到过度的刺激，对学生健康产生不利影响。

(2) 降低噪声

噪声会对人的生理机能产生影响，这是不容置疑的，同时还会让人感到焦虑，使人的记忆力下降，甚至思维变得迟钝等。在教室中，噪声大小与班级学生密度有关，与学校的地理位置有关。也就是说，班级人数多，那么噪声就偏大；学校离城区越近，噪声就越大。

另外，学生对噪声的承受能力会因为个性、性别等有所差异。因此，要想构建大学英语生态课堂，对于学校而言，建校位置要远离城市中心或者比较喧嚣的地方。此外，对于班级的规模也应该予以控制。一般来说，公共英语课程的人数较多，教师应该根据具体的情况，对不同形式的教学活动进行安排，从而减少噪声。

(3) 布置教室

教室作为课堂活动的场所，其教学设备、内部构架等都需要精心设计与安排。整洁干净的室内布置，会让师生感觉到舒适与愉悦。

形状不同的教室有着不同的优点。一般来说，梯形的教室适合讲座；长方形的教室适合课堂讲授，因为这样的教室便于安排座位；圆形的教室适合小组交流与讨论。另外，教师站立的位置与座位编排会对师生之间的互动产生影响。

因此，教室的布置应该具体问题具体分析，一般需要考虑是否对师生的课堂互动有利，是否对生生之间的讨论与交流有利，是否对开展小组学习与自主学习有利等。

（4）编排座位

传统课堂中的学生座位一般是采用“秧田式”的编排方式，即横成行、纵成列，学生面向教师和讲台。除此之外，还有圆桌式、半圆形、马蹄形和客厅式等座位编排方式。

在课堂环境中，座位编排也是非常重要的，其对学生的态度、情感、行为等都会产生影响。

由于教学活动的类型与形式多样，学生的个性特征也呈现出鲜明的特色，这就要求大学英语生态课堂的座位安排应该考虑教学活动，同时兼顾学生的特点，保证每一个学生都处在舒适的学习环境中。

2. 文化环境创设

在大学英语生态课堂中，文化环境包含物质文化环境与精神文化环境两类。前者指的是符号化与物化的结果，属于一种表层的文化环境；后者指的是态度、情感等，属于一种深层的文化环境。

在大学英语生态课堂中，物质文化包含课本、教室、教学设备等，可以称为显性文化，这些文化会对人的行为产生潜移默化的影响。因此，教师在创设生态课堂文化时，应调动各种物质文化的积极性，如班训、班报等，这样可以使课堂更富有文化气息等。

生态课堂中的精神文化环境包含学生个体的思想与个性发展、学生群体的精神风貌，以及生生关系、师生关系等，这种文化是隐性的，属于一种软文化。生态课堂中精神文化环境的创设需要将课堂中各个力量凝聚起来，以形成具有特色、集体观念的生动课堂。

（二）构建民主、平等的师生关系

开展有效教学，民主平等的师生关系是基本的前提。生态课堂中的民主指的是师生关系的民主，平等指的是师生地位的平等。在大学英语生态课堂中，每一个学生都有平等参与课堂活动的机会，教师应该扮演学生学习的激励者与合作者的角色。

在大学英语生态课堂中，要保证师生关系的民主与平等，需要教师和学生共同努力。

就教师层面来说，教师应该充分考虑学生的实际需求，对每一个学生的问题都要认真对待，发挥学生的主动性与积极性，尊重每一个学生的人格与个性发展，并多与学生交流，真正地了解每一个学生的情况。

就学生层面来说，学生应该充分尊重教师，接受教师的指导与帮助，在日常学习中也要积极地配合教师。

总之，师生之间应该建立一种平等对话的关系，共同探讨与研究，从而使课堂呈现出一种和谐之美。

第二节　大学英语生态教学的优化与重构

在传统教学模式中，由于人们并未对大学英语教学生态系统有一个正确的认识，忽视了大学英语生态教学的规律、原则与特点，导致系统内教师、学生、环境等出现了矛盾，产生了各种失调现象。为了保证大学英语生态教学系统的问题与矛盾能够被有效地处理和解决，使生态重新达到平衡状态，教师需要从生态学理论出发，对生态因子之间的关系进行分析与协调，从而使各个因子能够兼容发展，最终实现整个生态系统的优化与重构。

一、大学英语生态教学的优化

（一）大学英语生态教学的优化原则

为了实现优化目标，大学英语生态教学的优化需要遵循一定的原则。具体来说，需要遵循以下几项原则。

1. 稳定兼容原则

所谓稳定兼容，是指对教学结构加以稳定，对教学要素加以兼容。从生态学角度而言，稳定与平衡有着密切的关系，兼容与和谐有着密切的关系。其中，稳定是目标，兼容是实现目标的方法。

大学英语生态教学必定包含很多要素，如教学要求、教学目标、教学媒体等，这些要素在大学英语教学中起着十分重要的作用，一旦某个要素消失，整个教学结构就会呈现不稳定性，因此，教学稳定的必要条件就是教学要素之间的兼容。

随着信息技术逐渐融入大学英语生态教学之中，其必然会对教学环境造成影响，进而影响系统内部各个教学要素的关系。这时候，本身兼容的各个要素之间也会因为新要素的加入呈现不和谐状态，这就要求教学管理人员、教师、学生等进行一定程度的改变，从而促进信息技术与各个要素之间的融合与发展。就教学管理人员层面而言，教学管理者要改变传统的管理模式，给予教师充分的支持，优化教学环境，从而使信息技术与各个要素更好地融合与发展。就教师层面而言，教师要不断转变自身角色，不能仅作为分析者与讲解者。就学生层面而言，学生也应该发挥自身的主动性与积极性，主动探究知识。

总之，各个要素只有在自己的生态位上发挥应有的作用，才能实现兼容，才能保证教学结构的稳定与平衡。

2.制约促进原则

所谓制约促进原则，是指对教学运转形成制约作用，促进个体的进步与发展。就生态学教学而言，教学中各个要素都有着特定的时空位置与功能，它们在自身的生态位上发挥自身独有的作用。但是，每个要素作用的发挥要遵循一定的原则，不能无限发挥，而制约就是这样的一种约束手段，能使大学英语生态教学环境更为优化。

信息技术的介入使学生能够进行自主学习、个性学习。实际上，在教学中存在着很多很明显的信息技术误用情况，如对信息技术的过度使用、滥用、低值使用等，这些误用对学生的个体发展是极其不利的。信息技术的使用要考虑具体的教学目标，以学生为中心，运用恰当的方法，不可过度使用，也不能不使用，要保证各个要素都能在各自的生态位上发挥作用，并且彼此之间相互依存，从而促进学生的发展。当然，要素作用的发挥需要设定在一定的范围内，不能随意扩大，也不能丧失它们的作用；要综合看待各个要素的功能，既要从全局出发进行把握，也不能失去微观意识。

总而言之，制约是为了更好地促进，促进又是合理制约的结果，这样大学英语生态教学才能更自然地进步与发展。

3.可持续发展原则

可持续发展是21世纪教育的根本。大学英语系统是高等教育的一个生态系统，应该坚持可持续发展原则。社会的可持续发展主要归结于人的可持续发展，因此，大学英语生态教学的发展也必然依赖师生的这些教学主体的可持续发展。

现代教育包含四大支柱：学会认知、学会做事、学会共同生活、学会生存。学生的能力也是随着这些理念逐渐发展起来的。大学英语教学改革的目的在于提升学生的英语学习可持续发展能力。这种能力指的是大学生在大学阶段及以后的学习和生活中能够不断完善自我、不断发展。从学科性质上说，这种能力指的是学生自主学习与自觉学习的能力。教师应该对学生的个性特点予以尊重，发挥学生学习的积极性与主动性，培养他们的探索意识，挖掘他们的潜能，完成教学实践。

从教师层面来说，要想实现教育的国际化，教师就需要遵循可持续发展原则。因此，教师应该努力拓宽自己的教育视野，扩展自己的知识领域，提高自身的学术能力与思辨能力。

需要指出的是，教师、学生与其他生态因子都是教学生态系统可持续发展的重要组成部分，任何一个因子的缺失都会影响其他因子的发展，影响教学生态系统稳定性与和谐性。

（二）大学英语生态教学的优化策略

大学英语生态教学系统的优化需要在坚持上述原则的基础上，结合各个生态因子之间的关系，采用恰当的优化策略。当然，这是一个复杂的过程。在这一过程中，需要以教师为突破口，因为教师在大学英语生态教学中的作用非常关键，如果教师教学的态度、理念等发生改变，就会影响具体的教学情况。因此，只有保证教师生态化发展，才能保证教学的优化。具体来说，需要从以下几点做起。

1.促进教师的生态化发展

教育是国之大计，只有拥有好的教师，才能做好教育。因此，努力打造一支技术精湛、道德高尚的教师队伍，是当前教育改革与发展的重要目标。

就教育生态学而言，教育生态系统主要由教师、学生、环境等构成，在这一系统中，教师是一个完整的生态主体，其对整个生态系统起着非常重要的作用。教师与环境之间有着许多能量与物质上的转换，因此，其生存与发展必然是周围环境相互作用的结果。要促进教师的生态化发展，需要做到以下两点。

（1）优化教师的生态位

在教育生态系统中，各生态主体之间以及与环境之间是直接、间接的关系，这种关系可能是竞争关系，也可能是共生关系，他们共同对系统中的资源进行消耗。在系统中，每一个生态主体的位置都是特定的，这就是所谓的生态位。在生态环境中，教师要服从学校的各种规定，从而保障生态系统的稳定；同时，教师要不断提升自己，以适应变化的环境。教师几乎与系统中的各个部分都有着密不可分的联系，生态位在这之中起着中介的作用。

教师是信息技术与大学英语生态教学整合的关键层面，对大学英语生态教学的发展起着十分重要的作用，并且随着环境的改变而不断完善与发展。因此，在大学英语生态教学中，教师需要明确自己的地位，以学生的发展为中心与出发点开展教学活动。

（2）提高教师的专业素质

一名合格的大学英语教师需要具备以下素质。

第一，专业知识扎实，专业技能水平高，即具备丰富的英语词汇、语法知识与较高的英语听、说、读、写、译能力。

第二，性格好，具备好学、谦虚等品质。

第三，系统了解语言的本质与规律，能够用语用知识对教学进行指导。

第四，掌握一定的教学方法知识，并能根据实际情况灵活加以运用。

当然，除了具备上述素质外，教师还需要具备信息技术知识，不断转变自己的观念，提升自己的专业素质，努力向生态化方向发展。从内部来说，教师需要树立反思意识；从外部来说，教师需要创建外在生态学习网络，通过参与和分享，不断提升自己的科研意识与水平，实现英语知识结构的更新，促进个人生态的进步与发展。

2.转变教学环境中的限制因子

教育生态学中的限制因子定律具有自身的特殊性。在教育生态学中，所有的生态因子都可能被认为是限制因子，当某些生态因子的量比临界线低时，可能会产生限制作用；当某些生态因子的量比临界线高时，也可能会产生限制作用。教育生态系统中的有机体不仅对限制因子具有适应性，还能够采用恰当的方法，创造条件对限制因子进行转换，使之成为非限制因子。这一定律对于大学英语生态教学是非常适用的，即在大学英语生态教学之中，每一个生态因子都可以进行转换，限制因子也同样可以转换成非限制因子。

教学生态系统是将复杂人际关系包含在内的系统，是一个集合智力、非智力等因素的系统，也是一个复杂的信息管理系统。要想对大学英语生态教学过程中的失衡现象加以调节，不断提升大学英语生态教学的质量，就需要找出限制因子，并进行转化。当然，要想找到这些限制因子，首先需要观察，要认识到这些限制因子的限制界限，以及这些限制因子是如何阻碍教学发展的。

就目前的大学英语生态教学而言，教师需要从当前形势出发，利用信息技术进行教学，当然使用信息技术并不是说盲目地使用，而是要把握好使用的度。实际上，信息技术就是一种限制因子，因为如果学生不能利用网络进行自主学习，那么信息技术的使用对其发展是不利的。

当然，只找到限制因子还不够，还需要将这些限制因子转变成非限制因子，这样才能将这一复杂过程进行简化。因此，师生要积极发挥主观能动性，加强交流与合作，创造有利条件，消除限制因子的不利方面，推动大学英语生态教学健康和谐发展。

二、大学英语生态教学的重构

（一）大学英语生态教学重构的前提

对大学英语生态课堂的重构，应该基于信息化语境，对现代信息技术的生态位进行重新审视。

具体来说，就理论层面而言，大学英语生态课程的重构有以下三种方法。

第一种是在英语教学中完全放弃现代信息技术，使课堂生态重新回到平衡状态。

第二种是运用系统的组织与反馈能力，逐渐实现系统的自然平衡。

第三种是通过积极主动的调节，帮助系统重构信息技术环境下大学英语生态课堂的平衡。

第一种方法是一种倒退的做法。当前社会是一个信息化社会，信息化在当今社会有着重要性与不可逆转性，而且信息化也是社会对教育现代化的要求。因此，要用发展、动态的眼光来看待信息技术，努力推进教育信息化。

第二种方法对自然生态是一个不错的选择，但是从教育生态角度来说，其需要耗费较大的时间成本。如果完全依靠自我调节来保持平衡与稳定，就会经历一个长期的过程，有的甚至是很难实现的。因为生态系统的自我调节能力是有一定限度的，这就是所谓的生态阈值。如果外来的冲击超越了这一生态阈值，就会导致自动调节能力的下降甚至消失，并很难再恢复生态平衡。因此，对于大学英语生态课堂这一人工生态系统而言，正确的方式就是合理进行调节和干预，尤其是要以现代信息技术作为前提，运用信息技术的牵引力，在远离系统平衡态的区域中建立一个结构，从而实现系统的阶段化演化。

第三种方法是在信息化语境下，发挥信息技术的作用，对大学英语生态课堂进行重构。随着信息技术的发展及其在教学中的运用，信息技术的角色也在发生改变。具体来说，在信息技术背景下，教与学的方式发生改变，教学从教师中心转向学生中心。

总而言之，在大学英语生态教学课堂上，信息技术已经在教师、学生、环境等生态主体与环境因子中渗透与融合，对促进各个生态因子之间的交互起着十分重要的作用。在对大学英语生态课堂进行重构时，要对现代信息技术的生态位进行准确的理解和把握，减少生态因子之间的重叠情况，避免发生排斥与竞争。

（二）大学英语生态教学重构的路径

1. 发挥信息技术作为主导因子的引领作用

信息技术对教育发展具有革命性影响，是推动教育模式演变的一个重要力量，必须予以高度重视。在英语信息化教学改革进程中，准确理解信息技术在课堂教学中的生态位，有助于充分发挥信息技术的引领作用，带动课堂生态中其他因子进行结构和功能调整，从而修复改革初期因信息技术的广泛应用而给课堂生态造成的失衡。

要充分发挥信息技术的引领作用，首先，必须在政策层面敢于大力推进大学英语教学信息化进程；其次，必须实现信息化教学的常态化和深层化。在新的改革时期，要实现英语教学信息化的可持续发展，就必须尽力推动信息化英语教学的常态化和深层化。常态化是指信息技术教学应用的时空广泛性；深层化是指信息技术与英语教学的有机整合。常态化和深层化地应用现代信息技术，能够促进信息化教学从粗放型发展模式向内涵式发展模式转变，使信息技术在英语教学理论、教育学理论以及教育技术理论背景下，通过与英语课程整合，逐步转化为英语教育技术，从而在课堂生态结构和功能调整过程中充分发挥引领作用，促进课堂生态的重构，提高英语教学的效果、效率和效益。

2. 恢复信息化课堂的生态功能

在信息化背景下，信息技术进入大学英语生态教学之中，并逐渐发展成一个重要的环境因子，这实际上给系统结构造成了一定程度的扰动，系统内部各个要素之间也会随着这一扰动而不断发生改变。因此，对课堂生态系统进行调节与优化是十分必要的，这有助于逐渐恢复已经弱化的系统功能。

大学英语生态课堂受信息技术的影响，逐渐成为一个远离平衡的系统，如果学校能够加大英语教学信息化的资金投入，那么信息技术就会拉动系统内部其他组分，从而进入平衡状态。

此外，还需要建立一个课堂生态恢复机制，从而更好地对其内部的因子加以调控。调控过程一般遵循“认知—调控—获取反馈—再调控”的范式，先了解影响因子的特点和作用方式，再针对影响因子采取相关举措，观察和获取系统对于调控的反馈信息，采取适当的调控措施。

总而言之，信息技术与课堂教学的有机整合，有利于解决系统内部的失调问题，包括教师教学理念、教学角色与英语教学实践的失调，学生学习习惯、信息素养与英语学习目标的失调，多媒体、立体式教材使用方法与英语教学效果的失调，新的英语教学模式与传统英语教学系统的失调，传统评估方式与英语教学目标的失调等。

参考文献

[1]蔡玲.大学英语教学实践探索[M].长春:吉林文史出版社,2021.

[2]陈细竹,苏远芸.大学英语教学模式的革新与发展研究[M].长春:吉林人民出版社,2021.

[3]陈胤汶.多元文化视域下大学英语教学与设计研究[M].长春:吉林人民出版社,2021.

[4]成畅.大学英语教学与课程建设新探索[M].长春:吉林人民出版社,2021.

[5]丁煜.大学英语教学多维探究[M].武汉:华中科技大学出版社,2021.

[6]段茂超.大学英语教学创新与实践研究[M].长春:吉林出版集团股份有限公司,2021.

[7]郝玲玲,张晶晶.自主学习能力培养视域下的大学英语教学研究[M].长春:吉林人民出版社,2022.

[8]侯丽梅.自主学习能力培养下的大学英语教学改革[M].北京:中国书籍出版社,2022.

[9]侯敏灵.大学英语教学方法改革与实践探索[M].长春:吉林摄影出版社,2022.

[10]霍瑛.多元文化视域下的大学英语教学[M].长春:吉林人民出版社,2021.

[11]贾芳,王禄芳.跨文化视域下的大学英语教学探究[M].长春:吉林人民出版社,2022.

[12]蒋春丽."互联网+"视域下大学英语教学新模式的研究[M].北京:中国书籍出版社,2021.

[13]康静雯，黄婧.大学英语课程教学设计与实践[M].北京：中国纺织出版社，2022.
[14]黎赟.大学英语课堂有效性教学研究与应用[M].长春：吉林人民出版社，2022.
[15]李琳莉.大学英语教学基础理论与转型发展研究[M].长春：吉林文史出版社，2022.
[16]李晓玲.大学英语教学方法研究[M].西安：陕西科学技术出版社，2020.
[17]刘欣.多模态视角下的大学英语教学模式研究[M].北京：中国纺织出版社，2022.
[18]秦盼泓.文化自信视域下大学英语教学的策略与路径[M].北京：中国书籍出版社，2021.
[19]曲晨晖，叶娜.基于网络环境的大学英语教学理论与实践研究[M].长春：吉林人民出版社，2022.
[20]饶芳.大学英语教学与学习策略研究[M].北京：三联文创（北京）文化传媒有限公司，2021.
[21]茹意.当代大学英语教学理论与实践研究[M].长春：吉林出版集团股份有限公司，2021.
[22]沈黎.大学英语教学研究[M].长春：吉林出版集团股份有限公司，2020.
[23]孙博."互联网＋教育"视阈下大学英语教学的路径选择与构建[M].长春：吉林科学技术出版社，2020.
[24]孙琳.大学英语教学设计与有效教学[M].长春：吉林大学出版社，2020.
[25]孙志永.新时代大学英语教学改革与英语教师专业发展[M].开封：河南大学出版社，2022.
[26]王娟.现代多元化大学英语教学[M].哈尔滨：黑龙江教育出版社，2020.
[27]王丽丽.大学英语多元互动教学模式探究[M].长春：吉林人民出版社，2022.

[28]魏微.大学英语教学基础理论与实践研究[M].长春:吉林人民出版社,2020.
[29]徐雪元.大学英语教学改革实践[M].长春:吉林出版集团股份有限公司,2020.
[30]杨敏.跨文化背景下的大学英语教学[M].北京:中国原子能出版社,2020.
[31]张献.大学英语教学理论及实践应用[M].武汉:中国地质大学出版社,2020.
[32]张颖.多元视角下大学英语教学探索[M].北京:现代出版社,2021.
[33]赵红卫.大学英语教学模式与跨文化翻译研究[M].延吉:延边大学出版社,2022.
[34]郑春伶.多元社会文化与大学英语教学研究[M].北京:北京工业大学出版社,2020.
[35]周保群.大学英语教学模式与课程建设研究[M].重庆:重庆大学出版社,2020.
[36]周雪.多元视阈下的大学英语教学研究[M].北京:中国商业出版社,2022.